AF505383

Colección Bitácora

Colección de la microeditorial Biblioteca de Chilenia dedicada a la investigación, reflexión y difusión de la cultura popular en Chile, enfocada principalmente a tribus urbanas, subculturas, géneros y corrientes artísticas que actualmente son poco analizadas desde la academia.

Otaku: cuatro décadas de cultura popular japonesa en Chile
© Jacqueline Herrera

Equipo Editorial

Dirección de la colección y editor : Emiliano Navarrete
Autora del ensayo: Jacqueline Herrera
Asesoría musical: Daniel Mellado "Alukard"
Diseño de la portada: Patricio Araya "El show de Jaliet"
Diagramación: Eric Carvajal
Impresión y Encuadernación:
Libros Independientes de Valparaíso

ISBN: 978-956-9505-22-5

Contacto con la editorial
Facebook: Biblioteca de Chilenia
Twitter: @biblidechilenia

Bitácora es una colección de la editorial Biblioteca de Chilenia

Primera edición
Octubre de 2017
Escrito en San Miguel y editado en Puente Alto

Edición digital: **Editorial Pluma Digital**

Otaku

オタク

Cuatro décadas de cultura popular japonesa en Chile

Jacqueline Herrera

¿Por qué empezar una colección dedicándole un libro a los otakus?

¿Por qué empezar una colección dedicándole un libro a los otakus? Es curioso y trascendental del impacto cultural que ha tenido la cultura popular japonesa en occidente, y sobre todo en Chile, al punto que en junio de 2017 la distribuidora de películas Diamond Films declaró que este país es el que más consume animé en las taquillas de cine, comparando las ventas de boletos de todas sus obras de animé en el cine distribuidas en diversos puntos de la región latinoamericana, y esto no es una coincidencia.

Desde calcomanías de Hello Kitty, lápices de Rilakkuma, hasta el contrabando de VHS en plena dictadura militar, o las esperas eternas en foros de internet en los noventas para conseguirse la actualización de una serie predilecta, la cultura otaku ha logrado hacerse un lugar en nuestra idiosincrasia.

Este libro, el primer impreso editorial en idioma español dedicado a la cultura otaku, en donde se ocupa de los aspectos culturales, filosóficos y hasta las implicancias en las luchas feministas. Como editor me llama la atención el que libros anclas de lo kawaii y lo otaku no tengan una traducción al español, pero sí en alemán, ruso e inglés. Si bien existen muchas publicaciones en español dedicadas al Estudio Ghibli, pero no al consumo, aspecto sociológico, estudios de género entre otras implicancias de lo otaku en Iberoamérica.

Este libro nació como una tesis de pregrado de la autora, quien, ante la insistencia del editor, cede a trabajar con nosotros. Desde nuestras juntas joviales en los pastos del foro griego de la Universidad de Santiago (mismo lugar que vio nacer la versión chilena de Animé Expo, y en donde persiste la Otakután), hasta nuestro reencuentro en el circuito del diseño independiente chileno. Las buenas obras nacen del lenguajeo (como diría Maturana), nacen de la curiosidad y admiración.

Esta publicación gira en cuatro aspectos de la cultura otaku, primero está la deconstrucción del animé citando a Evangelion, la serie animada paradigmática que permitió expandir los horizontes de la animación japonesa, luego sigue un capítulo dedicado al visual kei, que suele relacionarse mucho con la producción musical. En estas páginas entenderemos porque todas las bandas musicales de visual kei suenan tan distintas, y aun así son reconocibles al oído. Seguimos con un análisis del cyberpunk y sus implicancias en el cuerpo, mente y producción de cine, videojuegos, literatura, cómic y animé. Y por último, el problema de lo kawaii, una reflexión histórica y feminista sobre la revaloración de lo femenino y lo inocente.

Éste es nuestra primera apropiación cultural de la palabra popular, puesto que Doraemon o Akira están tan enraizados en nuestra identidad como Inti Illimani o una empanada, así como la comunidad afroamericana se apropió de la palabra "men" para imponer respeto, o el uso de indumentaria militar en bandas punks para resignificar el uniforme de guerra, es hora de entender y practicar que lo popular no se limita a un pensar desde la izquierda, sino un patrimonio que les pertenece a todos, ya sean góticos, cosplayers o simplemente, otakus.

Emiliano Navarrete
Biblioteca de Chilenia

Presentación de la autora

Estos ensayos fueron escritos un par de años después de la Revolución Pingüina del 2006, en medio del boom televisivo de El Diario de Eva (reconocido talkshow transmitido por televisión abierta a través de Chilevisión, en donde los jóvenes adscritos a alguna tribu urbana compartían sus problemas cotidianos) y la mediatización del concepto de Tribus Urbanas. En ese momento la investigación pretendió definir y exhibir un poco de información de las mismas, idea que en ese momento se tomó por una situación estética en desarrollo. Se sostuvo que era una frase contradictoria, pues Tribu es una comunidad probablemente unida por lazos de sangre, nómada y núcleo primitivo de una sociedad; mientras que urbano es el término aplicado para designar la ciudad, lo moderno. Una Tribu Urbana sería entonces una organización que es nómada sobre el territorio de ciudad ya establecido, con el fin de una recuperación del territorio más allá de la compra del consumo, como un signo de pertenencia identitaria de un terreno compartido como respuesta a una marginalidad dentro de su sistema, como una modalidad de comunidad que toma una urbe y hace de ella su medio ambiente, donde caza y se desplaza. La tribu está ligada al concepto de familia, que pierde su significación ante el desarraigo urbano. La "Familia Urbana" viene a ser una socialización secundaria, lejos de la familia consanguínea

Este tipo de socialización secundaria no se produce por fallas en las anteriores fases del desarrollo, sino por necesidad de algo más, que no puede expresar directamente, una manifestación del malestar social que no se traduce en movimientos, ni es reivindicatorio, ni en un modo netamente económico, tiene que ver con un vivir al borde de un sistema de forma parasitaria, pues ha sido este mismo sistema homologador, el que produce marginación de ciertos elementos, tanto a través de la economía del trabajo como en la educación.

El origen común sería entonces un uso de lenguaje, ya sea el hablado o el existente en la elección de ropas y pasatiempos en común. Por ejemplo, los skaters, generalmente varones, usan skates o patinetas sobre las que hacen acrobacias. La ropa no siempre está disponible en los centros comerciales, muchas veces al empezar un estilo determinado se manda a hacer dicho vestuario, o interviniendo su propio cuerpo con piercings, teñidos y cortes de pelo. Dentro del lenguaje hablado, encontramos el uso de jergas, términos y conceptos. En estos hay música que se escucha más frecuentemente y comportamientos de territorialización, por ejemplo, los skinheads patrullan en grupo, los hip-hoperos se reúnen a escuchar música y hacer graffitti o bombardear con tags. En otras palabras, hacen del espacio que ocupan su cuerpo.

Mafessoli habla de un proceso de neotribalización del sujeto colectivo, describiéndolo como un momento empático en el que su ambiente emocional es segregado y que integra el paisaje urbano. Rescata la idea de comunidad emocional de Max Weber, describiendo las tribus como comunidades efímeras, de composición cambiante, inscriptas localmente, desorganizadas y estructuradas en la cotidianeidad también habla del carácter dionisiaco de los tiempos sociales, la furia consumidora, las barras bravas, el andar carreteando serían signos de una barbarie.

Ahora, si bien se habla del carácter etario de las tribus urbanas, durante el presente ensayo se enfatiza la cualidad del consumo cultural como generador de identidad, y la familia urbana adulta, en un mundo donde adultez se considera sobre los 30 años. O sea, se puede hacer extensivo o no el concepto a cualquier cualidad de este consumo que queramos obtener, al menos así se entiende en el concepto de dirección del público. Por ejemplo, sería actualmente describir el mundo del gamer (jugador de videojuegos) como dirigido a un público menor de edad, cuando en la realidad la media del jugador es de 29 años.

Dentro del texto original se examinaban las características estéticas de la funcionalidad de las tribus, la moda, y en general sobre un tema que subyace y me fascina: la teoría de cómo la máquina de la industria cultural fue sustituyendo la base del mito posmoderno, interfiriendo en cómo comprendo el cuerpo y las relaciones interpersonales. También exploraba la línea de pensamiento sobre cómo los medios tecnológicos afectan esta narrativa, y generaban un cambio de la forma de interactuar con el mundo y la información.

De estos textos en su momento surgieron variantes de la pregunta original, que era sobre el reflejo de la producción audiovisual moderna en el cuerpo chileno, los cuales explicaremos a lo largo de cuatro ensayos:

El primero es sobre la fuerza integradora de la deconstrucción como hilo de intertextualidad usando como ejemplo la serie de animé Neon genesis evangelion de Hideaki Anno.

En una segunda instancia, retomo la pregunta sobre la apariencia, el estilo y la música, referida al fenómeno del visual kei a través de las bandas musicales japonesas que han visitado Chile.

En tercer lugar, se explora nuevamente la narrativa actual como forma de comprender y cuestionar el avance de la tecnocracia y su relación con el cuerpo y la narrativa, al comentar el cyberpunk en sus manifestaciones literarias, cinéfilas y en animé.

Por último, cierro con un ensayo sobre lo kawaii en su esfera no comercial sino modeladora sobre la identidad mediante consumo, y la problemática estética que origina su discurso político y feminista, que pasa inadvertido.

Hay en todos los textos un tema en común, una resistencia visual y de consumo al control cultural hegemónico, recordando que la política es una subjetividad compartida.

El malestar implícito en estos comportamientos, tribus urbanas, cosplay, lolita fashion, fandom, implican que en este momento los grandes conglomerados no son quienes generan los elementos conformantes del proceso identitario. La resistencia, en ese caso, sería una a varios frentes, enfrentamiento generacional y lucha de clases por acentuar su existencia. Hay un desplazamiento del proceso creativo desde la academia hacia la cultura pop, y desde la gente hacia la pasarela y la galería. Gran parte de esta responsabilidad la tienen las redes sociales, que es un aspecto que no se explorará mayormente, pero es necesario mencionar. Un artista, como Banksy por ejemplo, no necesita pertenecer a una escuela de arte o exponer en una galería para vender sus obras; muestra su obra en la calle y las redes, haciéndola abierta y libre de edición, y sin embargo, es quizá uno de los más cotizados en el mercado.

Conceptos para entender este libro: movimiento social, moda y tribu urbana

Para analizar un movimiento social dentro de su momento histórico es necesario obtener una definición y luego explicar el porqué es importante. En este caso, se busca comprender cuando las producciones visuales más mediáticas que se volvieron un fenómeno social. Se entiende Movimiento Social como una progresión de hechos espontáneos que involucran a la población o gran parte de ella, que usualmente tiene un agente político, o alguna reivindicación social, por ejemplo Mayo del '68, y Primavera de Praga. No tienen necesariamente un origen social común ni comportamientos igualitarios. Sin situarlo por debajo, está el Movimiento Musical, que es a la vez, una forma de ser protesta política que entraría dentro de la transgresión estética al canon y que asociamos directamente con una ideología. Por ejemplo, el rock, el reggae o el jazz. Estas generan identidad más allá de lo meramente generacional. Desde un principio, estos estilos llevaron consigo una marca de origen, pero fue más allá a través de las disqueras iniciándose un modo de identificación mediante vestimentas. Un rocker o un greaser, se diferencia de un socs (como diría Susan E. Hinton en Rebeldes). O sea, la identidad de las primeras tribus urbanas fue de comienzos identidad de movimiento músico-social, que al volverse "moda" pierde su contenido crítico.

Moda en cambio es el elemento más volátil y sin embargo, restaurador. Moda se puede definir como el mecanismo regulador de elecciones, realizadas en función de unos criterios de gusto. Según el marketing, la moda es un fenómeno eterno y siempre nuevo, universal y concreto, que tiene sus raíces en la imitación. Moda es lo actual, o lo que está en vigor e interesa a una mayoría en un momento determinado. Sin embargo, en ocasiones, aplicada al diseño y en especial a la indumentaria es aquel atuendo, estilo, prenda, color o complemento, que se lleva por parte del grupo socialmente más importante o hegemónico o exclusivo, que es el capaz de influir en los demás. Podríamos decir desde la psicología que se trata de una tendencia auto imitativo, propio de la necesidad gregaria el ser humano, donde existe un permanente feedback entre el grupo y la persona.

Hay modas entonces de estilos musicales, que en un momento están en la cima y al siguiente nadie los recuerda. Cabe recordar que la moda actualmente es casi una necesidad y hay toda una maquinaria montada con el deber de producir y distribuir moda.

La diferencia entre movimiento social y tribu urbana es la ideología y la falta de la misma implícita en ellos. El segundo sólo vive de acuerdo a sus principios y actúa en sociedad o deja vivir al resto en paz, en la medida que sólo busca causar una duda sobre el otro y no cambiar el estilo de vida, sino liberación de la apariencia. El primero en cambio, busca el cambio social. Esta diferenciase debe a las lecturas históricas de los diferentes contextos, la falta de sentido de la postmodernidad y la contradicción entre la ideología presente y la posibilidad. Sin embargo, ambos estuvieron presentes en Chile en distintos momentos como parte de la dinámica cultural que usa y crea iconos e imágenes. Una posible causa del impacto final que produjeron es que esta dinámica no puede ser utilizada como un corpus de contenidos caóticos, sino en su capacidad de asimilación semiótica de elementos pensados en otro sistema, codificados de otra manera y en otra lógica, que pone de manifiesto la abismante diferencia de prácticas y/o códigos culturales de una generación a otra. De ver Venga Conmigo, pasamos a Morning Musume.

Evangelion como el fin del animé
エヴァンゲリオンはアニメの終わり

La deconstrucción como un infarto al arte

Las deconstrucciones son una forma de mirar una producción mediática, entendiéndolas como ese infarto no programado en el sistema. Válgase entender, esa obra que se vuelve referente por no ser sólo una obra de arte, sino por cambiar el paradigma de lo que se estaba produciendo, y de paso, generar nuevas formas y formalidades para crear. Dichos infartos quizá no fueron previstos como tales, quizá partieron como una pequeña broma, o como un ensayo. Pero el hecho es que su medio no vuelve a ser el mismo después que suceden. Un ejemplo en literatura sería El Quijote, nace como una burla al canto de caballería, y funda el género de la novela, y de paso el bestseller.

El término deconstrucción fue acuñado por Jacques Derridá, y viene a ser una forma de entender un contenido específico, ya sea un texto, un dibujo o una película, al descomponer la estructura del lenguaje donde está contenida, es una estrategia, una actitud frente al constructo cultural que queremos examinar, donde revisamos una parte de la obra y la comparamos con el contexto donde surge, examinando las diferencias. Esta obra que elegimos no es casual, sino el punto de convergencia desde donde observamos su contexto, teniendo siempre en cuenta que no es el significado final.

Deconstrucción significa, literalmente, desarmar o desmontar algo. Cuando lo aplicamos a la narrativa, los tropos, los clichés u otros aspectos de la ficción, significa entrar a cuestionar los lugares comunes, situaciones e incluso géneros completos exponiendo sus fallas internas. Una historia que desarma una franquicia o un género va a tomar los clichés más usados y los mirará a través de un prisma de realismo, resultando así una comedia de errores que expone la verdad escondida detrás del mismo. Esto no significa que los géneros de magia y fantasía, por ejemplo, no puedan funcionar, sino que es un aspecto de los mismos expone inconsistencias internas.

Dentro de la Nueva Narrativa, hablamos de todo lo que cuenta historias, ya no sólo los libros, sino películas, cómics, videojuegos, y por qué no, animé. La tarea social de cuentacuentos está actualmente en manos de la industria del entretenimiento, y quienes crean historias normalmente saben que no es sólo crear una historia, sino un mundo, e idealmente una franquicia. Así lo experimentó Tolkien, por ejemplo, al visitar una parte del folklore tradicional y generar un universo original, dando espacio para la creación posterior. Ese espacio cuenta con ciertos entendimientos intrínsecos entre el lector y el narrador, y esos entendimientos es lo que llamamos lugar común, o tropo.

Cuando hablamos de la deconstrucción de un animé, nos referimos a la misma idea aplicada a la producción massmediática más vendida y popular de la última parte del siglo XX. Este arte se inicia como una forma de entretención similar a los cartoons, pero con la idiosincrasia y reflejos de su lugar de origen: Japón. Es una disciplina, sin embargo, bastante compleja pues requiere muchas manos, pasa por el dibujante, el guionista, y quien tiene la idea original, siendo casi un palimpsesto. Más aún cuando el 2D del papel se pasa a animación, se pierde parte del contenido del cómic original, cambiando el significado.

Como ejemplo, en videojuegos tenemos The Witcher (Saga del Brujo) del polaco Andrzej Sapkowski. En caso que no hayas escuchado hablar de esta saga, hazte un favor y compra los libros, luego construye un computador acondicionado para videojuegos y pruébalo. Puede ser la mejor inversión en cultura, en años. En general, en ambos se reconstruyen muchos cuentos fantásticos al revelar el mecanismo absurdo de la historia usualmente heroica.

Por un lado, el héroe es siempre un tipo de armadura brillante, atrapado en medio de un conflicto épico, que ayuda desvalidos y los salva de los monstruos. Geralt (protagonista de la saga) en cambio, es sólo un mercenario, mutado para cumplir su rol como cazador de monstruos. Aprende rápido que hacerse el héroe no le da ninguna ganancia, y que ser un caballero es un tonto pasatiempo. Normalmente, dentro de las sagas de este tipo, el protagonista es el elegido, un ser destinado a salvar el mundo, sorprendiendo a todos, pero camina firme a cumplir su deber. Acá Geralt no es el elegido, sino su protegida Ciri, cuyo rol en este gran esquema es ser manipulada por la gente que predijo su llegada.

Desde siempre tras Gandalf dentro de la trilogía de El señor de los anillos, los magos han sido sabios mentores y asesores para el héroe, apoyándolos en sus búsquedas, mostrando la magia como algo misterioso pero bello. Acá los magos son científicos sin moral, y las brujas son mujeres demasiado feas para poder casarse y que alcanzan su belleza mediante la magia. En estos mundos fantásticos, los humanos coexisten con seres como dragones, elfos y enanos; se pueden incluso aliar contra enemigos comunes como orcos o no-muertos. Los no humanos en el mundo de The Witcher, no pueden coexistir con tales diferencias, y el crecimiento de la población mantiene en declive varias formas de vida. Los choques entre las distintas razas sólo ayudan a apurar su inevitable extinción. Las historias cortas llamadas El Último Deseo y La espada del Destino desmantelan varios cuentos clásicos a la vez, y son un buen punto para empezar con esta saga.

Otros ejemplos de deconstrucción populares, son Canción de Hielo y Fuego, más conocido por su adaptación al TV cable como Juego de Tronos, que se ríe de los temas más comunes de las fantasías épicas lanzando esta historia formulada en un implacable escenario con mucha consistencia interna a prueba de clichés. Cada vez que un personaje típico aparece, podemos estudiar las razones tras él. Y muchas de estas no funcionan como uno lo espera.

El término deconstrucción se volvió bastante explotado últimamente y algunas veces es lanzado sin pensar. No todo lo que usa clichés de forma común es deconstrucción. Simplemente evitando, invirtiendo o subvirtiendo lo que llamamos "tropos" o "lugares comunes" es tratar de ser original, pero requiere un análisis consiente y crítico del cliché para llamarlo deconstrucción. Y en muchos de los casos, funciona no por evitar poner la figura correctamente, sino jugándola tan meticulosamente bien que duele.

Neon Genesis Evangelion
エヴァンゲリオン

Evangelion es la razón por la que estamos usando la palabra "deconstrucción" en este contexto. Esta obra causó tal shock que cambió el animé para siempre, básicamente reviviéndolo desde su extinción en los '90s. Si estás leyendo este ensayo y no conoces la serie animada te invito a que busques Neon Genesis Evangelion en la internet, o te consigas las películas que están editadas en DVD y Bluray. Evangelion fue transmitida en señal abierta gracias a Chilevisión durante el año 2001 (con cierta censura frente al uso excesivo de la sangre). Cuando hablamos de Evangelion, temporalmente hablando, estamos en el momento del fin del animé mismo. Dicha manifestación artística estaba en una crisis de producción, las cifras de audiencia y ventas habían bajado muchísimo y existía la impresión que ya no podían seguir sacando las mismas historias con reiteraciones infinitas.

Entonces aparece este proyecto cuyo nombre es Neon Genesis Evangelion. Parte contándonos una historia de tipo mecha (sobre robots gigantes), y que daba luces que sería como muchas otras series del mismo tipo: niño de corazón puro y apasionado manejando un robot gigante heredado de su padre, abuelo o creador, a la vez que ayudado por científicos, un amigo callado y asertivo, y una chica de mal humor enamorada. Pero mientras empiezan a pasar los capítulos, empezamos a ver cómo la serie empieza a degenerar y desarmar rápidamente.

Este desarme es bien interesante porque empieza a mostrar el absurdo que hayamos creído todas esas cosas. Que en primer lugar, hace falta ser muy desquiciado como padre para enviar un hijo a la casa de un desconocido, y llamarlo 10 años después para que maneje un robot sin entrenamiento, experiencia ni explicación alguna. El toque de realismo va destruyendo esta imagen que estábamos acostumbrados a ver y aceptar. De a poco, van atacando a todas estas pequeñas fantasías, esos permisos que otorgamos para que la serie tenga un sentido y que formaban el mismo animé.

Deconstruir es tomar todas esas falencias que tiene una historia, ya sea una novela o un animé, y mostrarlas, preguntándose qué tal si se dieran las cosas en esta realidad. O imponiendo, dentro del mismo paréntesis, cómo sería el mismo contexto con una dosis de realidad.

Pocas cosas se salvan, como la enumeración del Quijote de las comidas que podía hacer. Traer la realidad al mundo de fantasía tiene como finalidad reírse de alguna vez haber caído en el mismo tema. Entonces es verdad que Hideaki Anno, su autor, se encontraba en medio de una tremenda depresión al momento de co-crear esta serie, y que tiene una actitud de resentimiento contra el llamado "mundo otaku". Dicha actitud habría llevado a generar una trama que cuestiona los principios de su género sin romper una cuarta pared (los personajes nunca se ven a sí mismos como imaginarios ni hablan con el espectador), lo cual es un trabajo de guión bastante loable. Es muy difícil hacer una deconstrucción tan profunda sin caer en la parodia.

La realidad entonces se cuela dentro del mundo de la producción haciéndose cuestionamientos que cualquiera que no es fanático puede hacerse. ¿Cómo se mueven estos robots? ¿Qué combustible o fuente de energía usan? La interfase, ¿hará que el piloto sienta dolor si el robot es destrozado, para moverlo necesito sentirlo como parte propia? ¿Es posible que un adulto actúe así? El problema que representa Evangelion es que estas dudas no vienen desde el mismo espectador, sino de la producción misma. Son los personajes los que van poniendo en duda la construcción misma del imaginario en que están parcialmente insertos.

Y lo peor, es que da vuelta todos los estereotipos posibles, desde escenarios, forma del robot, personajes y resultados o resolución de la trama. Hacía más adelante, la historia empieza a salirse de una linealidad y toma muchos elementos o tropos del "cine arte" para armar la trama. El punto de vista de las distintas tomas no está a la altura del protagonista o mostrándolo, en vez de esto, enfoca parcialmente el lugar donde se encuentran con sonido en off, que genera una lectura activa sobre la imagen.

Partiendo por el tipo de trama en las series de súper robot, éste mismo es algo mecánico, construido con el fin de salvar o destruir, pero en Evangelion es una herramienta que toma sentimientos propios. Acá partimos pensando lo mismo de las unidades EVA, pero conforme pasa el tiempo, nos damos cuenta que sólo son parcialmente inorgánicas, y que en su mayor parte son "monstruos" domesticados, llegando a dudar si es que usan armaduras o anclajes.

Normalmente, en las series Mecha, dicho robot es heredado de un padre o abuelo, y en este punto Gendō Ikari cumple con la función de un modo extraño, porque por un lado desea que este hijo maneje su creación, sin explicarle el porqué de la misma, dejando ver un progenitor que está más preocupado de una mujer de la edad de su hijo en vez de cuidar a su primogénito, que del mismo, mezclándolo con una novela negra al dar por no resuelta una desaparición en el mismo laboratorio. Es decir, aquella figura de padre cuya labor era ambición de poder o salvar al mundo, en algún momento se revelaba al protagonista, pero acá sencillamente no hay comunicación ni algún tipo de conciliación o entendimiento. No hay tal relación, y más allá, muestra al padre obsesionado con la figura de una niña quién, además, es un clon de la madre, con esto nos referimos claramente a Rei Ayanami.

El punto principal que desarma, es el hecho que ningún adolescente sería capaz de soportar la presión a la que un piloto está enfrentado. Cada uno de los personajes sufre un tipo de locura transitoria, pero otros llegan a un colapso total.

El tema que destruye con mayor fuerza es el de "amor y amistad". Para alguien familiarizado con el animé, sabrá que no es la habilidad del piloto ni lo bien construido del robot lo que hace ganar una batalla, sino su pasión y la confianza en otros personajes. Normalmente el momento épico es con declaración de dichos sentimientos y destrucción del enemigo, pero en Evangelion muestra que dicho potencial quedaría por completo apagado en la interfase, llevando al piloto a acabar en una falta de contacto con la realidad, provocándole secuelas psicóticas, y convirtiendo la serie en un thriller sicológico exitoso y paradigmático.

Además, los muestra como plenamente reemplazables. Los pilotos no son "uno en mil" ni tienen algo que los diferencie especialmente del resto, todos son serializados, y desechables.

Rompe también el estereotipo de género en el reparto de las series de súper robots, donde el protagonista es el mentado joven de corazón puro y apasionado, y va acompañado de un tipo calmado y reservado, completa el triángulo una chica tímida e insegura. Hideaki Anno describe a Shinji como un joven inseguro, mientras que Asuka Langley pasa a ser la joven apasionada y Rei, la chica calmada y atinada. Al ser expuestas a los traumas comentados anteriormente, dichas personalidades quedan desmanteladas e inservibles. Irónicamente, sirvieron de base para el nuevo tipo de reparto de personajes en el animé, con Asuka como una tsundere (persona que oculta emociones para mantener una imagen de fuerte) y Rei la base de una kuudere (persona de carácter frío que le cuesta expresar o entender sentimientos), siendo la semilla de los nuevos clichés. Ahora en casi todas las series se reconocen perfectamente ambas.

Judeocristianismo visual y no religioso en Evangelion

Todo el simbolismo cristiano, y los nombres de ángeles estaban allí como forma de llamar la atención. Hay un tema con el cristianismo en Japón, ya que previo a su cierre de fronteras durante 300 años hubo misioneros cristianos en la isla, que luego fueron eliminados. Quedó en la base de la cultura una cierta cantidad de practicantes, que usaban los símbolos sin comprender bien la base que impulsaba dichas costumbres, y algunos detalles quedaron como parte de su arte pero sólo como forma, desprovistos completamente del significado original. Cuando se abre nuevamente el archipiélago al comercio durante la era Meiji, los misioneros se encuentran con una gran masa de japoneses cristianos (Kakure y hanarekirishitan) a quienes instan a seguir su fe y quienes recién en 1889 pueden tener libertad de culto. Entonces quedó durante demasiado tiempo una religión que no comprendían completamente con una serie de costumbres visuales, persignarse, las cruces, oraciones que no estaban traducidas, completamente descontextualizadas. De alguna forma nos obliga a mirar la cristiandad como un asunto meramente estético y no religioso.

Bajo estos tres puntos, la desvinculación del héroe a una herencia, la alienación y alteración del rol de género, y el interponer tramas que al final no tienen que ver con la historia, vemos que el tema "mecha" era casi la excusa para desmantelar y exponer la estructura del animé.

Y el anime nunca volvió a ser el mismo.

Puella Magi Madoka Magica
魔法少女まどか☆マギカ

¿El segundo Evangelion?

Madoka ha probado que el éxito de Evangelion puede ser parcialmente replicado. Lo que le hicieron al género para varones de súper robot se intentó contra el género de chicas magical girl (Mahou Shōjo). Este programa fue promocionado como un clásico animé y le tomó a la gente algunos episodios para darse cuenta que las cosas no estaban resultando como esperaban. La armonía de la vida diaria de Madoka (líneas claras, colores vibrantes y mucho Sol) claramente contrastó con los oscuros y espeluznantes laberintos de las brujas, y se fue volviendo más dramático a medida que la trama avanzaba. Era obvio que estamos lidiando con otra deconstrucción, incluso si no es tan compleja como Evangelion.

El personaje principal de una serie de magical girl siempre es una joven inocente que obtiene poderes mágicos para salvar el mundo. Estos le son otorgados por un animal lindo, que ayuda y educa al usuario a través de su historia. Nuevamente es el poder del amor y la amistad lo que triunfa sobre toda la magia de los malvados y es el corazón puro de la heroína lo que la hace especial. En Madoka, en cambio, se muestra con un dejo de realismo lo absurdo que sería dejar a niñas pelear a muerte unas con otras para salvar el mundo. Volviendo al compañero lindo que impulsa dichas batallas, es idiota o malvado. Aquí ya no hay corazones puros, incluso si quieres ser el héroe, siempre hay deseos egoístas detrás de los sentimientos y son tus emociones, antes tan celebradas, las que te hacen vulnerable.

Todos los arquetipos de personajes son desvelados también. Tenemos una mirada más cercana al rol de hermana mayor, al que quiere ser héroe, a la protagonista inocente, la niña traviesa, y sobre todo, a la chica oscura. Este título prueba que tales personajes no pueden funcionar sin un trauma a sus espaldas.

Una vez que la deconstrucción se hace popular, las cosas nunca pueden volver a ser las mismas. Después de Frozen, Disney ya no puede jugar la carta de amor a primera vista, sin que la audiencia diga que es tonto. Lo mismo va para súper robots y magical girls, hay numerosas series donde las formas que han cambiado y han tomado la crítica en cuenta.

Evangelion tuvo un gran impacto en el animé, incluso fuera de su género. Escenas, temas y diseños de personaje han sido la inspiración de básicamente toda la industria del animé por los últimos 20 años. Algunos de éstos realmente molestaron al director, especialmente la popularidad de Rei (la clon de la serie Evangelion), quien tenía que ser una crítica frente al ideal de femineidad japonesa (contrastada con Asuka, la feminidad occidental). Su personaje ha sido casi copiado y pegado en los animé posteriores, siendo una deliciosa ironía.

Para los mechas, fuera de las referencias visuales a los diseños de los EVA presentes en programas de súper robots, tomaron las críticas a las formas de súper robot a fondo. El joven héroe ya no es abandonado a su suerte, y el apoyo de sus amigos y adultos es importante para que se mantengan luchando.

No ha pasado tanto tiempo desde que Madoka estuvo al aire, pero ya podemos ver sus efectos. La clásica trama de magical girl, empezando por Card Captor Sakura, está muerta, y el único que aún se está dando está regido por sus propias reglas (Pretty Cure).

Reconstrucción: Porque no puedes prohibir la diversión

Parte del proceso natural de la evolución de un género y una respuesta directa a la deconstrucción. Apenas Evangelion terminó, las respuestas emergieron desde Gaoi Gaio Gar hasta el mismo Mazinger Z, (la serie que más bien codificó el género súper robot). La reconstrucción toma la crítica de la deconstrucción y reconstruye los clichés de una forma que no colapsen bajo la crítica.

Tengen Toppan Gurren Lagan, del estudio de animación Gainax, los mismos quienes realizaron Evangelion, reconstruye el género de los súper robots. Toma el punto de vista de una jornada contra toda la historia de los mechas. Resulta que un niño puede crecer a ser un héroe si tiene un buen modelo y los mechas son buenos de nuevo. Terminada esta serie, gran parte del personal de Gainax se fue a una nueva empresa, el aclamado estudio TRIGGER. Su primer animé fue Kill la Kill, que reconstruye de alguna forma las formas de magical girl. Todo es exagerado hasta el colmo, pero incluso el exceso de fanservice(escenas de complacencia gratuita e innecesaria para el espectador) para ambos géneros tiene una razón detrás. Magical girls pueden pelear de nuevo.

No vale de nada decir que Madoka también fue una reconstrucción, cuando lo piensas –la protagonista encuentra la solución al problema tras ver a sus amigos fallar–. Al final, el poder del corazón puro gana, que es el punto central de todas las series de magical girl.

Desconstrucción del tropo
versus deconstrucción del género

Evangelion y Madoka son sólo los ejemplos más prominentes ya que han logrado desensamblar los géneros completamente. Esto puede pasar, ya que los géneros mecha y magical girl son completamente predecibles, con una larga lista de clichés repetidos para empezar.

La actual narrativa se contiene en formatos más diversos que los vistos en siglos anteriores, donde la pintura como razón social de la creación visual de una nación era un tema reverenciado y copiado al infinito- Esto se debe a la industrialización de la misma creación, tanto visual como narrativa, y en esto también Japón tiene la culpa. Me explico: antiguamente, era requisito de un rey, o gobernador de un pueblo, acuñar monedas, por ejemplo. El diseño se le encargaba a un taller de joyería y luego se establecía la reproducción en masa para dicha moneda. Bueno, en cuanto a la producción de una obra que contara alguna gesta que quisieran recordar, se pedía un concurso donde diferentes talleres de arte existentes proponían sus ideas, y una comisión decidía el ganador. Dicha pintura, una vez realizada, se procedía a copiar por estudiantes o gente de otros lugares pedían copias, dado que no se podían manufacturar.

Es ahí que cuando abre el comercio con Japón, los occidentales descubren que los japoneses envuelven en papel sus cerámicas, y encuentran los ukiyo-e. Dicho en otras palabras, comprenden que hay técnicas para hacer una representación de calidad y en masa. La fotografía entra entonces a reemplazar, como técnica, la posibilidad de las copias de las obras de arte. Y es allí donde el arte se independiza de su noción mimética y empieza a pensarse como un lugar donde se crea independiente de la realidad circundante.

Entrando ya en el siglo XX, Alice Guy Blanche empieza a crear animaciones guiadas a través del cine, y algunas novelas empiezan a ser pensadas como parte de una estrategia de venta, ya no sólo del libro sino de otras formas de ventas del mismo universo, como franquicias. Por ejemplo, Sherlock Holmes parte en el siglo XIX vendiéndose como un anexo en los diarios, y finaliza como colección de libros de lujo. Tolkien aprendió de la experiencia y al momento de crear su mundo, lo pensó como un hilo de algo ya establecido, o que tuviera el espacio de generar una continuidad, como una obra abierta no a la interpretación, sino a su posible continuación por otros. Es por eso que dentro de la franquicia, se contempla la mantención de un universo, donde los tropos, o formas básicas, se toman como parte de esta realidad imaginada. Cuando los clichés se subvierten, da fin a dicha forma narrativa. No es tan fácil con géneros que tengan una menor definición, donde no tenga una sólida lista de tropos comunes. Eso hace que la deconstrucción de géneros en general imposible y sin sentido. Los programas usarán meramente la deconstrucción para reflejar la expectación de los seguidores y se enfocarán en los tropos simples. Esto puede ser observado en Hunter x Hunter y tropos de los shounen (especialmente en el arco de las hormigas quimera) o en mayor extensión en shōjos como Utena (demasiados para contar) e incluso Toradora desenredando una tsundere.

Incluso no vale de nada que la primera serie Gundam, que deconstruye muchos de los tropos de las series de súper robots, mucho antes que Evangelion los pusiera todos en la juguera, ha lanzado el género de súper robot. Aún, el punto de Gundam era construir un nuevo género más que apoyar el que ya estaba presente.

Así que sería un acercamiento más seguro decir que "X

deconstruye Y" que "X es la deconstrucción de Y" a menos
que esté claro que el análisis y la crítica es el rasgo principal del programa, como Evangelion o Madoka.

Otras deconstrucciones en animé

Shinksekai Yori: deconstruye toda la idea de una sociedad con súper poderes. Intenta mostrarnos cómo un mundo así podría funcionar, y con qué retos nos encontraríamos. Los resultados son, como podríamos esperar a este punto, horribles. No puedo recomendar esta serie lo suficiente. Por favor, háganse un regalo y sopórtenla hasta el fin, no los decepcionará.

Twelve Kingdoms: desarma la primera versión femenina del género isekai. Conocido con series populares como Escaflowne, o Inuyasha, pone a una estudiante japonesa normal en una gesta fantástica. JuuniKokki se cuestiona cómo una chica sobreprotegida criada en un Japón patriarcal podría convertirse en un héroe medieval, explorando un mundo con igualdad de género.

Re: zero: critica la segunda versión shounen del género Isekai. Visto en series populares como Sword Art Online, muy seguido tiene un otaku, neet o nini, héroe "hikikomori" atrapado en un mundo fantástico. La serie se enfoca en cómo un nerd (joven intelectual con escasas habilidades sociales) puede funcionar realmente en un mundo fantástico, esperando ser un héroe, pero llevando consigo todas sus fallas personales de nuestro mundo. Pero Re:zero no es una deconstrucción del género isekai. Difícilmente es un género en sí, porque cada animé va diferente dentro de la situación. Unos usan un escenario de realidad virtual, otros se transportan mágicamente a un mundo de juegos, y otros usan formas del RPG para sus fantasías estándar. Lo que hace RE: zero es deconstruir al protagonista otaku al tirarlo en un mundo de fantasía cliché, denegándole el poner a un lado el hecho que sus fallas personales lo hicieron un adulto disfuncional nini (Se les denomina así a la gente que ni estudia, ni trabaja). Sus expectativas se vuelven contra él cuando pide tratamiento de Héroe, resultando en la pérdida de la confianza de la misma heroína, e incluso la chica destinada a ser su pareja se niega a dejarlo huir sin enfrentar las consecuencias de sus acciones.

Controversia sobre el uso del término

Jacques Derridá tenía una definición diferente en mente cuando acuñó el término hace 50 años atrás, espero que tengas suerte buscando una buena definición del mismo. (Es sobre el qué es la semántica, difícil de procesar). Todavía, el uso popular de esta palabra va bien con el espíritu del postmodernismo, interpretación escéptica de la cultura, y respuesta lógica al constructivismo social; La teoría que lagente no puede ver la cultura si no es a través del prisma de su previa experiencia.

El ejercicio realizado durante este texto consiste en mirar a través del prisma de la deconstrucción las realizaciones audiovisuales populares, para comprender por qué causan más impacto algunas obras que otras. Finalmente, no tiene otro objeto que hacernos pensar sobre la forma en que vemos el animé o los libros, y mirar desde otro punto qué fue lo que nos atrae o disgusta de determinado tropo, y hacer más consciente y crítico nuestro consumo cultural, a la vez que enriquecemos nuestra capacidad de análisis del mismo.

Visual kei, música, estilo y crisis de identidad

¿Qué es el visual kei?

El visual kei a su llegada a Chile provocó bastante ruido en las noticias, porque nos obligó a reflexionar sobre varios temas como la identidad, el travestismo, cómo vemos el cuerpo, cómo socializamos y esperamos determinado actuar. Hubo una especie de catarsis social cuando los "adultos" de ese momento vieron a las nuevas generaciones seguir pasos tan distintos a los propios, y generar discursos tan bien compuestos que desconocieron de dónde habían salido.

Para examinar el problema del visual kei, partiremos desarmando varios conceptos que se repitieron a lo largo de esos meses. Para comenzar, la definición de "identidad" corresponde a un conjunto de rasgos e informaciones que individualizan, entre ellos, la conciencia de sí mismo y de la frontera entre el yo y el mundo que le rodea. También se puede entender como la respuesta al "quién soy" en su fase histórica, donde "soy x porque pasé por y", tiene que ver con la cosmovisión, o la manera de comprender y analizar las realidades circundantes. La identidad grupal actúa del mismo modo, como un conjunto de cualidades que conectan o relacionan a varias personas. El auto-reconocimiento que hace posible dicha identidad toma tres formas: auto-confianza, respeto a sí mismo y autoestima. Pero estas tres formas responden, como se menciona antes, al reconocimiento de los otros. Si éstas no se respetan dentro de la sociedad, se crea una resistencia al medio cultural. En este caso, el desadaptado ya no es un solo individuo, sino un grupo y eso crea una situación de fractura social, que hace visible que la estructura no está funcionando y que necesita cambios. La respuesta a dicha fractura generalmente es la represión, ya sea por parte del poder policial o censura por parte del resto de los otros. En el caso de las vestimentas llamativas, la respuesta viene a ser mostrarlo como ridículo, dada su androginia y la combinación de colores pastel con una apariencia siniestra. Dado que también las opiniones de los otros forman parte del desarrollo de la identidad propia puesto que las expectativas de otros acerca de sí mismo se internalizan como lo correcto. Así una persona desadaptada aunque satisfaga mejor sus deseos, será aislada de la comunidad dando a entender que sus deseos personales deben pasar a segundo plano en pos de mantener el orden.

Entonces, estos deseos del individuo que dañan la comunidad pueden ser tanto una amenaza a la integridad física, la devaluación cultural de ciertos modos de vida o creencias y su consideración como inferiores o deficientes. El problema pasa por la dificultad de entender al otro. Y las personas se encuentran siempre generando identidad, junto con otredades, en una constante mutación por la interacción de intereses entre el individuo y la sociedad, y el reconocimiento de la lucha por su propia integración.

En antropología, se habla de un patrón cultural, que sería parte del proceso de construcción de una identidad colectiva, en tanto territorio. Se habla por ejemplo, de tipos de comportamiento regionales, por ejemplo, un francés lo asociamos con la buena vida y el arte, y a un prusiano con el ejército y su disciplina. No es que todos los franceses sean chef o los prusianos, infantes, pero es la creación del estereotipo como forma de conocimiento. Las identidades colectivas no son estáticas, y sin embargo son compatibles con cierto tipo de estereotipos de la producción cultural. La llamada crisis de algunas identidades en la globalización, supone una pérdida de poder político en pos del crecimiento de las transnacionales. No se trata de un proceso sistémico, sino más bien aleatorio que avanza mostrando posturas antagónicas. La situación de existencia de medios de comunicación automática (televisión e internet), da la ilusión de tener la información disponible. El exceso de realidades representadas provoca a su vez una cierta duda sobre las posibilidades de identificación con tales procesos, por ejemplo, el desarraigo de identidades compartidas.

La hiperactividad de los llamados factores identitarios, hace suponer identidades que no existen. El encuentro con lo "otro" en el fondo no pasa por ser un encuentro anecdótico, sino en la experiencia de otra forma de tener experiencia. Hemos dicho antes que una persona puede sentirse identificado con las propuestas sociales de varios esquemas sin asociarse a ninguno en específico, se puede ser a la vez del Colo-Colo y de la Renovación Nacional.

Nuestro país pasó por varios hechos de violencia. La Dictadura Militar cambió muchas cosas, en lo económico, y en lo social, y cambió la forma en que las personas se comunicaban y por tanto, cómo se definían en pro del otro. Con la apertura de los medios de comunicación y el mayor acceso a bienes culturales, ya aquellos signos externos que mostraban de dónde eras desaparecieron. Usar zapatillas o jeans de marca dejó de ser símbolo de estatus, y hubo que buscar otras formas de ser diferente, porque si todos somos iguales y tenemos acceso a los mismos aparatos de consumo. ¿Qué nos hace diferentes? Se pasó directamente de una tremenda polarización izquierda/derecha con identidad de origen a una apatía que se comprende con todo lo "lais"(sufijo para determinar una denominación de origen de alcurnia) que aparecieron luego. La desaparición del lenguaje de primera mano lleva entonces, en el momento de integrar una comunidad diferente, a usar un híbrido donde se ocupan elementos que no necesariamente tienen que ver con su significado original. Es así como ocurre un desplazamiento sobre las significancias, el ícono se vuelve símbolo, y más tarde, solo una palabra plástica. Ahora, sin soporte material previsible, sin mapas, ni sentidos en los cuales usar la voluntad… ¿Qué posibilidad de identidad queda?

El visual kei fue un fenómeno que se enmarcó principalmente a un rango etario llamado adolescencia, o juventud, para el caso hablaremos de ambas como sinónimos. Lo situamos como esa etapa que actúa como puente entre que se es maduro sexualmente hablando (no púber) pero no socialmente, es decir, no tiene solvencia económica. Normalmente apuntamos a estudiantes de educación media o los primeros años de educación superior. En la modernidad, la juventud como problema surge en la idea del constante futuro del sujeto, donde la adolescencia no es sólo el período de cambios físicos de un joven, sino que es un problema de estudio de algo que le ocurre a la sociedad, como medición de la educación primaria (la del hogar) y las deficiencias que pueden sufrir; la palabra "adolescente" en el fondo quiere decir que se adolece de algo pues esta etapa no está cubierta, está para dar cuenta de la subjetividad. Por ejemplo, uno de los libros que habla de esto, la creación de una nueva estética con la que contar, es La Naranja Mecánica. Allí los protagonistas acechan una nueva modalidad del idioma, usan palabras inexistentes, jergas creadas por ellos mismos, usan marcas de ropas como distintivos. Pero son identidades que no necesariamente buscan ser etiquetadas como tales, es más, detrás de todo este esfuerzo de la lengua y el símbolo, busca escapar de las definiciones, del sistema que creen que lo nombra y clasifica todo. En este libro, la violencia ejercida por los protagonistas también busca alertar sobre dicho tema, que ha sido el centro de los estudios sobre jóvenes en muchos años. Este vandalismo debería entenderse como una respuesta al aburrimiento, las pocas expectativas. Se sienten olvidados, y buscan transgredir la imagen, y parten en la construcción de su identidad mediante una búsqueda de significantes que les provean significados, ir en contra de lo inmediatamente aceptado como consumo identitario, e irrumpir en el espacio público, constituyéndose en el cuerpo de una subjetividad abstracta y la negación de los valores del otro, lo que en este caso pasa a ser la negación de una sociedad que no comprende la falta de interés en el consumo obligado. Dicho de otra forma, es un grito de mamá a hija: ¿Porqué te vistes de negro y no de rosado como todas las niñas de la cuadra?

La vestimenta es usada como un signo, ya sea de estatus o de economía, desapareciendo el cuerpo detrás de esa señal. Lo que se busca con usar cadenas en la ropa, cruces, mallas, los pantalones desgastados, el uso de overoles, suspensores y telas de mezclilla, es vindicar la idea de que se ve forzado a convivir en un aspecto y un disfraz, porque su identidad actual contiene aspectos que el consumo socialmente aceptado no ofrece. Los espectáculos de violencia ahora normados o consensuados, se pueden ver en la WWE, la lucha libre callejera, con su influencia de películas de kung-fu domingueras y los videojuegos son un tipo de consumo cultural en donde el uniforme también refleja adscripción o simpatía al pasatiempo, es cosa de ver las poleras de los espectadores al momento cuando el sonido del cuadrilátero y el maestro de ceremonia se apresta a presentar a los contendores.

La identidad es un proceso en marcha, una eterna pregunta y no una respuesta. La identidad se puede comprender como la situación icónica de ubicación espacio temporal, sea el uso de determinados artefactos culturales como el lenguaje, o adornos como indicativos de la identidad que se quiere ser.

Se puede ejemplificar el problema con las constantes migraciones que supone la modernidad, donde a las personas se les obligó a salir de los campos, bien por la fuerza o por la imposibilidad de supervivencia (recordar los fenómenos climáticos y políticos que obligaron a abandonar lo agrario) en su lugar de origen. Para las primeras generaciones puede que la identidad frente a la supervivencia no sea mayor problema, pero una vez afianzada la forma de supervivencia, o la suposición de un grupo de gente en la misma situación (que sería una identificación con el problema), cabría la represión y la situación de rebeldía que se hablaba anteriormente, la incapacidad del reconocimiento de las necesidades y derechos del otro.

El concepto de identidad postmoderna es la fragmentación del individuo, el que ya no es indivisible. A fines de los noventas, el discurso triunfalista de la intelectualidad estadounidense al finalizar la guerra fría, los analistas políticos comienzan a hablar de crisis de la representación, los meta discursos que eran la base de los anteriores designios de identidad, por consecuencia todo se fragmenta, y no hay sino vinculación permanente con otros temas. Entonces, es al enfrentar estos asuntos que obligan a reflexionar que se entiende dicha identidad en constante vigilancia y tensión. El mestizaje que se vive en Chile es permanente, la mezcla de los diferentes hace que lo otro sea incorporado con mucha más facilidad como propia que por otras naciones que tienen costumbres más claramente limitadas. Sin embargo en los últimos años la política internacional ha apuntado hacia la internalización y la apertura de fronteras, como ha sido la política realizada por las transnacionales al punto que los gobiernos ya no tienen el poder decisivo frente a las amenazas o moralidades individuales, sino el lobby. El problema de la política en un mundo sin dichas fronteras crea cierto tipo de conflictos y obliga a la creación de organismos estatales que vigilen el actuar de las transnacionales, quienes exigen a veces características que no corresponden al territorio, como sucede en Irak o Bután. También entra en el desinterés ciudadano por la alta política, y la lucha por derechos, concientización o mejoras. A mayor autorregulación del mercado, menos posibilidades tendrá el estado para obligar a políticas contractuales que mejoren la situación país, y mayor apatía ciudadana surgirá ante los hechos.

La posmodernidad trae muchos cambios, toma la identidad sin ofrecer otra y vive, por así decirlo, del desequilibrio. La identidad entonces pasa a ser entonces parte del capital, en el sentido que puede ser por apropiación o a nivel de posibilidad de compra. Aquí al respecto podemos establecer puntos de comparación de los países que estamos hablando, en este caso, Chile y Japón durante el principio del siglo XX.

Geográficamente hablando, Chile está en Sudamérica, sin embargo no pertenece del todo a la comunidad por la variante del mestizaje versus la población indígena en cuanto a porcentajes. El hecho del mestizaje actúa como una borradura de la historia, un rechazo hacia el sentido de identificación con el antepasado, un lenguaje y la tierra, como se dice "un país de huachos". En cambio, en Japón, se vivía otra realidad. Ya tenían luces las calles, y se encontraban en luchas internas por el poder de lo antiguo (cultura samurai, el bushido y una religión híbrida) y lo moderno. La situación de verse obligados a comerciar abrió las fronteras para que ingresara otro tipo de pensamiento, sin abandonar sus raíces.

Moda, más que ropa y modales

Moda es definida por la Real Academia de la Lengua Española (RAE) como uso, modo o costumbre, colectivo y cambiante que está en boga durante algún tiempo, o en determinado país en lo relativo a prendas de vestir y complementos y aquí lo entenderemos como tendencias de vestuario y complementos. Barthes, filósofo francés, en Sistema de la moda escrito en 1967, dice al respecto que la moda es un ente pseudo real, porque necesita tanto de su existencia como de los significados escritos y de su masificación. Con esto se refiere a la moda como el mecanismo de asociación de identidad primario, por lo que podemos entender que es la creación del estereotipo mediante el vestuario o la forma de una necesidad primaria de discurso, sentando entonces un conflicto entre el cuerpo y el lenguaje. El vestido en sí, la ropa elegida, en el fondo no tiene validez si no hay alguien diciendo el carácter de tal. Entonces la moda cumple una función didáctica de informar sobre el "saber vestirse" para ser identificado correctamente ya no sólo en su estatus social, sino en el carácter que se quiere demostrar, estado de ánimo, y nivel de conexión con algún grupo específico.

La moda de revistas o de catálogo sólo se ofrece a quienes la puedan comprar, lo que lleva una carga de ideología neoliberal, y lo que ofrece en realidad es un sueño, una ilusión sin cierre. Para su existencia es necesario que el sueño esté cerca, al alcance del usuario. Actualmente es a través del snap-shot desde donde se produce la imagen de la moda, como una fotografía casual tomada por un profesional y no una sesión de fotos programada, dentro de lo cual las plataformas virtuales como instagram o tumblr se hacen más idóneas para dar a conocer dado que gran parte del visualkei o del lolita, es usado o en el escenario o en la misma calle. Si quieres saber más, puedes ver el filme El Diablo Viste a la Moda.

En el caso que se trata, el visual kei es una moda que puede ser acotada al consumidor, diseñado para ser reproducido manualmente, lo que da, asimismo, la sensación de univocidad del costume. Hoy en día hay tiendas dedicadas a generar prendas para cada estilo, que son de bajo tiraje de diseño y stock. Se prefiere que haya más modelos diferentes, para subrayar esa necesidad de ser único.

El cuerpo se sobreviste de significantes que se usan sólo por la forma, como las cruces o rosarios insertos en la ropa sin que simbolicen nada cristiano. El juego de identidad que provee el costume, juega mucho con el estereotipo, quitándole a la ropa toda función para dejar solo la estética.

Hay ciertamente una ruptura del tabú de los usos de la moda por parte del visual kei. La moda, decíamos anteriormente, es la ley del saber usar los significantes de modo que se construye una propia frase o incluyéndose en la ya elaborada. En este caso, se busca la ambigüedad, el contradecir, el mentir tan bien en el uso vestuario que no se sepa quién está detrás. Los conceptos que rompe, en ese caso, son los mismos de femeneidad y masculinidad, mostrando a un hombre vulnerable y aún así funcional, y una mujer falsa, que nunca deja su estatus de púber realmente hipersexualizada sin perder un halo de inocencia. Actúa como un rechazo a lo adulto, y he ahí donde se incrusta como la presentación de una adolescencia extendida.

Akira y Ranma ½:
アキラとランマ
la heteronormalidad puesta a prueba

Tras mucho pensarlo, Akira nos da grandes señales en torno a los problemas del visual kei y el impacto que tuvo que nos interesa señalar. Akira fue una de las primeras películas de animación japonesa que trascendió las fronteras, difundida en Latinoamérica por VHS, y actualmente (año 2017) fue distribuida al cine por la cadena Cinemark en varios países latinoamericanos. Trata sobre la mutación por efectos tecnológicos en el cuerpo y cómo se asume, o rechaza este cambio, o cómo cambia la percepción del mundo con la tecnología, y remite a todo un sistema de lectura inmediato que estaba en el aire. Ocupa su propia materialidad (el animé) para dar cuenta de una filosofía sin dialogarla. Tetsuo Shima, uno de los protagonistas, deja de ser hombre y deja de ser máquina para destruirse, volverse una masa biológica deforme con el sólo objetivo de destruir todo. Un no soy pero me formo, me represento a mí mismo. Hay distorsión, desmantelamiento y no existe un final cerrado. La redacción en esta historia no sufre tantas alteraciones como las inmediatamente posteriores (Evangelion por ejemplo). El hecho que sea una ficción sin un final, en el sentido estricto de la idea de novela, la falta de resolución del conflicto, plantea que no hay un cierre ni en el problema planteado ni en el discurso. No hay, como en la ciencia ficción, una final cerrado ni una demonización del otro, sino un cuestionamiento de si existe realmente la posibilidad, más que el poder de fundar tales diferenciaciones mediante un lenguaje que siempre queda detrás del acontecimiento.

Incluso podríamos asimilar Akira a la idea de la Nueva Carne descrita por Cronenberg como esta masa de cables, grasa y piel que absorbe todo a su paso. La Nueva Carne Ya estaba presente en el imaginario desde los años '50, (como en La Cosa, o Freaks) abriéndose paso a través de los años con la idea de intervenir tecnológicamente el cuerpo para ampliar la posibilidad de la experiencia. Parte desde algo tan simple como usar lentes, por ejemplo, pero insertándoles algún microchip que permita la grabación de lo que se ve.

Ranma½, de Rumiko Takahashi (1986-1996) se trata de un adolescente que se vuelve mujer al contacto con el agua fría. También practica artes marciales, y frente a enemigos realmente poderosos, necesita ser transformado para vencer. La mayor parte de su fuerza viene de la posibilidad de su mutación, pues aunque esta disminuye su fuerza física, sólo siendo mujer y hombre a la vez logra alcanzar el potencial de lucha.

Evangelion desarrolla el tema de la Nueva Carne al conectar el sistema nervioso de los pilotos al mecha. Entonces dentro del piloto parte una mutación más que del cuerpo, de la forma de percibirse. En una escena de los primeros capítulos de esta serie, el enemigo toma el brazo del EVA-01 (el robot principal) y lo retuerce, teniendo el piloto la misma sensación de dolor que si se lo hubieran hecho a él. Entonces la programadora le grita al piloto: "Tranquilízate, no es tu brazo", logrando que el piloto despierte del trance, pero pierde el control de la máquina. La reacción al metal y a la computadora que lo maneja a través de una interfase es una zona exploratoria.

Este concepto de la Nueva Carne del cine se comprende de forma diferente en oriente y occidente. Como ejemplo, podemos hablar del uso del cuerpo en las películas de terror. Ringu (o El Aro) y Ju On (La Maldición), donde en la lectura hollywoodense se usan los estereotipos del terror norteamericano, jovencitos que huyen y bestias que persiguen, que tras una irrealidad constante siempre derrotan al mal. En cambio, las versiones japonesas ocupan no-lugares (zonas de transito homogéneos, en donde lo importante no es la identidad del lugar, sino ese deseo de desapego y fuga del territorio), mismos cosméticos y accesorios de ropa, creando una identificación profunda con el personaje, para convocar los miedos profundos del espectador, apelando al asco a la sangre, la regla, el aborto, la violación. En estas películas, lo que más destaca es este demonio femenino que fue creado por un hombre, que trata sobre la inquietud ante lo sagrado y lo monstruoso tanto como la parte espiritual del humano como algo olvidado, pero latente. Sadako (monstruo de Ringu) es una niña que "nace" con este alterego demoníaco, conocido como su mismo nombre, hija de una mujer que la concibió en una oscura caverna en un acantilado donde habitaba un dios. Es de remarcar que la condición de dios, kami, en la cultura japonesa habla de la entidad superior y no el bien o el mal. Sadako asesina a quienes se interponen en el camino, y hacia el final, las arrojan a este pozo donde conocemos en las primeras entregas. Ju-On o La Maldición en cambio, tiene esta casa donde, en la versión original, se crean una serie de asesinatos inexplicables, relacionados con toda persona que se vincule a este lugar.

En contraposición, tenemos a Jason de Viernes 13 o Freddie Krueger, como íconos occidentales. Las pesadillas, la muerte con violencia, la muerte en el sueño (que es nuevamente el campo de lo onírico) busca asustar mediante el uso del scaryjump (saltar de susto) dejando una huella permanente.

La invasión cultural japonesa de los '90s

El término visual kei proviene, según diversas fuentes, del kanji "kei", que significa estilo. La idea contenida en dicha palabra, significa que se usa un estilo que haga lucir su música, una puesta en escena de las óperas rock al principio, que luego se fue resumiendo a videoclips que cumplieran la función completa de una película. Se trata también del primer vocablo de la palabra Kabuki, que es el nombre del teatro de tono dramático en Japón. La importancia de algún estudio serio sobre la educación de la visualidad moderna crece si se toma en cuenta que estos influyen en la construcción del imaginario desde la infancia, como dibujos animados tanto de cartoons como de Animés, y juegos en computadores y consolas. Los diseños contenidos en este aprendizaje del ojo deben ser tenidos en cuenta como parte de la actual producción de imagen y posibilidades de ideologías e imaginarios de lo femenino y masculino.

La definición de animé es generalmente se atribuye junto con manga, que significa animación. Manga es la palabra nipona para designar a la historieta. Se traduce, literalmente, como dibujos caprichosos o garabatos. Fuera del Japón, se la utiliza exclusivamente para referirse a la historieta de esta nacionalidad. Los Ukiyo-e (milenario estilo de dibujo que precede al manga) parten cumpliendo esta función durante el periodo Edo (1600 - 1867), como desahogo del sistema feudal de las clases oprimidas y significa literalmente "cuadros del mundo flotante", es un género de grabados que reflejan principalmente la vida de las personas comunes. Este fue el tipo de creación obtenida en masa (se imprimía con madera sobre papel, y se vendía en los escaparates de librerías) que llego a influir hasta Van Gogh y Tolouse-Lautrec. La más famosa de estas creaciones es La Ola de Katsushika Hokusai.

A fines de los 80's y principios de los 90's este mercado

no tenía la fama mundial que tiene ahora, era sólo un mercado local y muy pocas series y mangas lograron salir de Japón, entre los que podemos mencionar Astroboy, La Princesa Caballero, Candy Candy, Angel y El Festival de los Robots, una adaptación similar a Robotech, que originalmente era Macross. Se desprenden de esta lista Heidi y Marco al basarse en libros europeos. La diferencia con las creaciones europeas, es que no son capítulos repetitivos y eternos, sino correlativos, además que las tramas no son salvar la ciudad o el mundo, sino que son motivos personales y basados en problemáticas sociales; Marco habla sobre la migración italiana a Argentina, y Heidi del abandono infantil. También están aquellos que formaron parte de la idea americana, y fueron asimilados por estos por series como Speed Racer (Mach Go Go Go en Japón, conocido como Meteoro en Chile).

Fue en una exposición del '94 en España que algunos empresarios de TV vieron el efecto atractivo que Dragon Ball producía en la audiencia infantil. Era una serie que no contaba con el permiso para su exhibición en el extranjero, cuyo final estaba en estreno en Japón tras diez años de estar al aire, con contenidos excesivos en bromas pícaras y violencia innecesaria, abrió no sólo las puertas para un gran flujo de series, sino para el debate abierto sobre la sexualidad, la violencia y su representación en la televisión y en la sociedad. A Chile llegaron en 1996 las series animadas Sailor Moon y Saint Seiya, (más conocido como Los Caballeros del Zodíaco). Las canciones de ambos animes aparecen en discos con gran éxito, a pesar de estar en español. Cabe destacar que a Chile llegan junto con la masificación del TV cable y la aparición de etc... TV como el primer canal chileno que sólo transmitía animé. Ese año también se emite RuroniKenshin (o Samurai X) en el programa Bakania de Chilevisión, (un show televisivo paradigmático para la generación chilena) junto con muchos resúmenes de nuevas películas y series, y muestras de mangas. Además este fue el primer espacio donde se mostraron videos de j-music, lo que con la llegada de internet y del cibercafé (local comercial que arrendaba el uso con tarifa fija de un computador con acceso a la internet), dieron con los primeros fans.

Entre los temas que presentó este imaginario, fue una nueva mirada sobre la sexualidad y el género, donde aparecen personajes abiertamente homosexuales como Haruka y Michiru en Sailor Moon, o Ranma ½, donde se mostraba muy abiertamente la anatomía femenina, o Saint Seiya donde la violencia superaba los estándares de lo normal. Todo esto trajo consecuencias a niveles sociales, por primera vez se veía héroes-femeninos que los niños admiraban no sexualmente (cosa que causó la cancelación de la serie en Italia).

Estas polémicas también se compartían en Japón, donde tras el escándalo que causó Pokémon (las ondas televisivas del amarillo resultaban tan fuertes que niños tuvieron ataques de epilepsia en Japón) la animación entró en un total y completo retroceso. Los temas se volvieron más y más sosos hasta que Cowboy Bebop aparece con una nueva propuesta. Tras 26 capítulos que secuencialmente fueron censurados y criticados, aparece un aviso que se venderá la serie sin censura en VHS. Eso fue todo un boom, primero porque se exigen libretos de tamaños dimensionados en 13, 26 y 52 capítulos en vez de los más de 500 capítulos de Dragon Ball; segundo, porque daba la posibilidad de fabricar un producto de calidad a pesar de la censura, usando otros aparatos del massmedia. El cambio de formato también sugiere otro tipo de historia, alternativas con las de superación personal y amistad (como Sailor Moon, o Dragon Ball, o SlamDunk).

Además del ingreso de las series, se empezó a conocer la música de entrada y de cierre de los capítulos. Fue solo con la masificación de internet que se conoció de primera mano los cantantes y grupos, generando un boom del pop japonés.

El visual kei se empieza entonces a visibilizar como una transgresión a la cotidianeidad, provocada con el sólo fin de impactar visualmente. Es un movimiento social y estético, iniciado como un intento de destacar a través del vestuario dentro de los músicos japoneses, que no necesariamente tiene que ver con el tipo de música que realizan, con influencias del glam rock. Se inició en los '80s con bandas como Buck -Tick y X Japan y Luna Sea. Su éxito en el país de origen no tuvo gran repercusión en lo musical, y hacia los 90's empezaron a desaparecer algunas bandas, otras se mezclaron con el pop o emplearon recursos más teatrales, acrecentando el interés en generar obras más tipo ópera rock. De aquí destacan L'arc n' ciel, Malice Mizer, Dir en Grey, entre otros.

Es de comprender que están dentro de un mercado muy rápido, donde es muy necesario captar atención rápido y conseguir identificación con el público a través de generar tendencias y pautas de moda nuevas, tras romper alguna regla. El malestar ante la transgresión de la imagen del cuerpo generada por el visual kei va más allá de querer romper un estereotipo sin querer imponer uno nuevo, sino que más bien apunta a la indiferencia del acto mismo como transgresión: no busca reivindicaciones sociales ni hacerse visible, como en el caso del hip-hop, más bien busca la posibilidad del caos, y eso irrumpe aun más al ojo no acostumbrado. La existencia de un movimiento social sin la búsqueda de la reivindicación acostumbrada causa aún más malestar que una que sí lo exigiera, porque indica que algo no anda bien, pero no dice qué. Habla de libertad como ideología, de expresar absolutamente todo, y de la forma que se quiera, sin compromiso o necesidad de ser consecuente en el tiempo con el modelo mostrado ese día.

El visual kei entonces generó malestar, al verse como movimiento social sin reivindicación ni filosofía. Toda manifestación cultural lleva su parte de resistencia al medio, y el visual en su inserción en el país causó una nueva forma de desplazamiento del habitar, que tuvo relación con las redes sociales y la exposición televisiva. Fuera de las posibilidades de estudiar y saber sobre el arte sobre expresión y exposición, el joven de hoy aprende la información desde el medio más cercano, y genera identidad desde lo que ve y le gusta, y la apertura del internet abrió nuevas posibilidades. Jóvenes identificables entre los rangos de 15 a 32 años de hoy, este tipo de consumo le genera identidad, y la expresión de género en un mundo que todo se compra, es también posible, un ejemplo de esto es Mana (fundador de Malice Mizer) siendo el más claro ejemplo que habla de una desacralización del aspecto viril y masculino.

Con ese aspecto, también conviene comprender el otro lado, la pérdida de respeto hacia los cánones femeninos sobre el vestido y la "decencia". Por primera vez las jóvenes usaron artículos que no combinan, labios negros y "feos" para lucir poco deseables ante las lascivas e imprudentes miradas machistas, y se escudaron bajo vestimentas de niñas pequeñas, alegando a la perversión y el fetiche, como a la recuperación de un estado infantil previo al hecho que su cuerpo dejó de ser suyo y pasó a ser objeto de deseo, problema que revisamos en el capítulo del kawaii y el shōjo. Por otro lado, hay, al menos en nuestro país, un "destape" tardío, que surge con el concepto de ponceo, un momento de goce sexual libre de compromisos amatorios (muy ligado a las fiestas donde el reggeatón estaba empezando a imponerse a principios de milenio) y el wena-naty (expresión de empoderamiento sexual lúdico), dos situaciones que describen una sexualidad disfrutada sin los tabúes religiosos y que tiene que ver con la tendencia cada vez más laica de la población.

Los estereotipos femenino y masculino dentro de las esferas del rock o el pop son marcados por la historia. Desde Elvis Presley, pasando por John Lenon y Bob Dylan, los varones son el símbolo de esa masculinidad tocada por una sensibilidad hacia lo femenino en el vestuario en una medida justa. Las mujeres son del tipo rebelde como Cindy Lauper, o cantan sexuadamente como Madonna. En esta el visual kei, no son estos modelos de mujer los que se imitan, sino el estereotipo que rompa la hegemonía patriarcal, y una mujer-niña, una que aún no se ha marcado con el sexo y la sangre, o la imagen de una vampiresa fuertemente sexuada.

La alteración al orden entonces sólo se deviene de parte de una cultura enraizada aún en el machismo, donde cualquier intento de hablar o intervenir la virilidad se cuestiona, así como la situación de erotización de una infancia. Se confunden las características sexuales secundarias con el fin de parecer no ambiguo sexualmente, sino diferente. No es una expresión de género como una aceptación de la estética que hable por parte del varón, del otro dentro del uno. Y el escándalo que causó en su momento se puede explicar porque se mostraban en público ciertas conductas o deseos que aún eran tabúes sociales, como el deseo de ser una muñeca en el caso de las loli, o mostrar cortes en el cuerpo.

Como proceso, se diría que es parte de una crisis. La moda de los años '80 también llevó consigo una especie de unisex del estilo, donde las mujeres escondían el busto y los hombres mostraban cintura. La paradoja de dicha cuestión entra en que se homogeniza la negación de una estética, una no estética de las formas de producción y circulación del capital pero que, al mismo tiempo, es proliferantemente estética que circula globalmente y que contiene un consumo identitario.

La puesta en escena elegida también usa incisiones en el cuerpo, de modo que, parte de la operación es realizar un daño físico, no es maquillaje o efectos especiales como el vómito. Esto se refiere a un no retorno posible al momento anterior de la herida. En los videos, es corriente que usen personajes que no tienen autonomía como el videoclip Honey de L'arc-en-Ciel, hombres y mujeres desnudos que no tienen relación con el erotismo, sino como signo, que quitan de sí órganos. Empieza a verse el disfraz, lo ideal y lo ficticio como cuerpo perfecto. Se habla de fluidos varios para causar abyección, sin un sentido moral que lo rectifique. He ahí el porqué de la similitud con el barroco, pero sin la carga religiosa. El uso de elementos sadomasoquistas, con rostros como máscaras sin emociones, que recuerda a Sade y su maquinaria del placer, puntos en común con la estética Punk, o el uso de uniformes nazi como culto.

Historia musical del Visual Kei

Dentro del visual kei podemos distinguir tres etapas referentes a tiempos diferentes y tendencias de la misma moda musical del momento. Son tres grandes momentos enmarcados en la situación económica social, desde década del '80,la expansión internacional de los '90s hasta la consolidación y diversificación del género. Del primer ciclo podemos mencionar a:

X Japan: Banda de metal clásico, de baterías cambiantes con una guitarra progresiva y citas a la música clásica. Si bien la banda parte en esa década, es recién en el '89 que sale el álbum Blue Blood, a través del cual se hacen conocidos y realizan una gira que los lleva hasta Nueva York, también es en este año que logran aparecer en Agosto de ese mismo año en TV, y es en 1992 cuando adquieren su nombre oficial, retirándose sólo 5 años después con el Álbum Dahlia. Luego de la muerte de su compositor y guitarrista Hide, el año 2000, se lanzan varios singles remasterizados, pero el retorno no es hasta el 2010, cuando participan de varios conciertos alrededor de Estados Unidos (Lollapalooza en el Grant Park, Chicago) y Japón (Nissan Stadium). Sus canciones más conocidas son Kurenai, Art ofLife, X, Forever Love, Crucify my love, Dahlia y Jade.

Buck-Tick: Considerada la banda fundadora del visual kei, forjada en 1983, pero fue hasta tres años más tarde que logran grabar su primer single, lanzando su primer álbum el año siguiente. HURRY UP MODE fue todo un éxito, al punto que pudieron elegir quedarse con una disquera que les permitiera mantener su look y vestuario. Para cuando graban Taboo en Londres, en el '88, poseen bastante fama, apareciendo en vivo en TV y varios comerciales. Con su siguiente Álbum, Aku no Hana, se explora más en profundidad la estética gótica y obtienen lo que serán sus mejores cifras en venta. El concierto de lanzamiento es en Tokyo Dome y asisten más de 50.000 personas.

Para el periodo entre el '90 y el '95 fue más experimental, usando sonidos o ruidos que paulatinamente se tornaban en música y practicando con instrumentos nuevos. Pasado ese periodo, cambian de disquera y de estilo, al lanzar el álbum Cosmos que tiene tendencias de música electrónica y cyberpunk, acompañándose de tatuajes y aparatos electrónicos en sus trajes. De este periodo son sus canciones Gessekai, usada para el animé Nightwalker: The Midnight Detective (por la cual se hace reconocido en occidente) y Mona Lisa Overdrive (igual que el libro de la trilogía del Sprawl de William Gibson). Pasado este periodo, vuelven al gótico pero esta vez con un estilo más de rock retro en Tenshi no Revolver (2007) y Memento Mori (2009). Ellos continúan en la actualidad.

Luna Sea: Una de las bandas más conocidas del visual kei, junto con las mencionadas antes. parten el 1989. fue promocionada por Extasy Records, quienes impulsarían junto a Free Will la escena del visual. la primera fue creada por Yoshiki, líder de X Japan.

Como segunda época, podemos mencionar Glay, L'arc-en-Ciel, Malice Mizer y Siam Shade, que parten a mediados de los '90s, en donde su propuesta visual y musical está enraizada en las reflexiones sobre la carne humana, desde las modificaciones del cuerpo hasta las vísceras, tomando todos los elementos discursivos y filosóficos del cyberpunk, también sobresale esta generación por sus giras internacionales, en busca de la legitimación artística:

Glay: Fundada en 1988, cuando sus miembros están en secundaria y generan cierta popularidad que los hace ir a Tokio al graduarse. Es en 1994 en donde lanzan su single debut Rain, producido por Extasy Records, junto con su primer álbum Hailto Diamond. Entre el '97 y el 2000 se vendieron más de seis millones de copias sólo en singles. para esa fecha, Hicieron una gira en el 2001, con un sonido más pop y menos punk. Para el 2010 ya han realizado varios tours por Estados Unidos principalmente y sacan su propio sello. Dato aparte, es oficial que el nombre se produce con la mala pronunciación de la palabra Grey, donde se quiso dar a entender que eran una mezcla de rock, asumiéndolo como color negro y blanco, como el pop.

L'arc-en-Ciel: es la banda más conocida fuera de Japón, que ha vendido más de 40 millones de discos. Nace en 1990, y su gran debut fue en 1994 con Terra, grabado con Sony Music. En este álbum se graba la canción Blurry Eyes, del anime DNA2. Para el '97 tienen un hiatus debido a los problemas del baterista con la justicia, del que salen rápidamente con Niji. Durante los años siguientes cada álbum se convierte en un éxito en ventas, además de continuar haciendo soundtracks (bandas sonoras) de música de animé, como Ready Steady Go. Para el 2007 ya se presentan en vivo por Asia y Francia, donde son bien recibidos, además de realizar numerosas presentaciones alrededor del orbe.

Si bien es al principio la banda usaba la estética del visual (con abrigos largos y un vocalista andrógino), es en sus videos musicales donde había una fuerte presencia de elementos como la carne, o el dolor, al correr los años esto se fue perdiendo y acercándose paulatinamente al pop con toques de rock. Además, varios de sus temas son armados con otra formación, con los mismos integrantes, como Dark en Ciel y Punk en Ciel. Son conocidos en Sudamérica por los temas de Ruroni Kenshin, que en Chile fueron transmitidos íntegramente por Chilevisión, y paulatinamente integrados en la música mainstream, influenciando incluso la escena actual.

Malice Mizer: Otra de las bandas fundacionales del estilo con fuertes influencias en Chile. Se funda el '92 por su guitarrista, Mana, quien es uno de los artistas más importantes dentro del tema de la visualidad y su mímesis en el cuerpo chileno, y Közi su guitarrista. Su propuesta era bastante extrema, no sólo en su maquillaje y ropa llamativa, sino que básicamente vestirse con atuendos inspirados en los románticos franceses con elementos góticos. Sus presentaciones en el escenario son de una puesta en escena tremendamente llamativa, con un ángel que desciende a la tierra y pasa por siete vidas o etapas donde se desprende de sus pecados para ascender, y un guitarrista vestido de maid (sirvienta) y maquillado como una muñeca de cerámica, look muy popular durante la cumbre del movimiento en Chile.

Tienen varias etapas que marcan diferentes propuestas, entre el '92 y el '94 sacan su primer disco Memoire de forma independiente y es bastante oscuro y gótico, al retirarse el vocalista, Gackt ocupa el espacio llegando a la estética más conocida y que describí anteriormente, es destacable que este cantante y actor es tremendamente conocido en occidente tanto por su participación en esta banda, como solista y por su trabajo cinematográfico, al trabajar junto a Angelina Jolie. El álbum Voyage tiende a ser más rock progresivo y tecno pop que los anteriores, estilo que se reitera en el mentado Merveilles. El año '99 Gackt deja la banda, y sólo unos meses después muere Kami, el baterista, quien no es reemplazado sino que se usa un músico de soporte.

Klaha ingresa como vocalista el 2000, y nuevamente se produce un cambio en la estética, volviéndose a un neo gótico (que puso de moda las sotanas en los jóvenes de dicha década), además de influencia dark wave con elementos de heavy metal que se puede ver en Bara no seidou, o Gardenia, yéndose luego por caminos separados. A Mana lo volvemos a ver con Moi dix Mois, en las revistas de moda y en Memé a Moitiers.

Siam Shade: destacada banda de este estilo, que parte el '91 y se desarma el 2001. son conocidos por su tema ⅓ Jonjouna Kanjou. Tienen varios álbumes con grandes ventas. Son conocidos por sus temas más coloridos, de un rock más clásico y alegre. durante esos mismos años también aparece La'cryma Cristi (las lágrimas de Cristo), que se destaca nuevamente por un look gótico.

Para fines de los '90s, la popularidad del visual kei estaba disminuyendo, en 1997 Luna Sea estaba en hiatus, se separó X Japan y luego muere Hide, también Kami de Malice Mizer. Laruku se distanció públicamente del movimiento. Para ese momento, se creyó que el futuro radica en las Boy Band. Pero entonces emergió un nuevo movimiento que incluye las bandas The Gazette, Alice Nine, Psycho Le Cemu, Mucc, An Cafe, D'espairs Ray, Nightmare. Algunos músicos de las bandas de años anteriores se restablecieron en nuevas bandas como Mana con Moi dix Moix, o los miembros de Pierrot formando Angelo. Para el 2007, el estilo estaba revitalizado, incluso Luna Sea y X Japan retomaron sus conciertos, esta vez con giras internacionales. Este periodo es llamado también neo visual kei, de donde surgen otros nuevos estilos, como el Oshare. La gran diferencia entre la primera y segunda generación es que la segunda no tiene un estilo específico de música, va del metal al pop, la moda y la ambigüedad sexual son de importancia central, y claro, la internacionalización de la música japonesa no sólo a través de internet sino la presencia en conciertos y festivales de todo el mundo:

Dir en Grey: Coincidiendo con el nacimiento de la tercera transición del visual kei (donde ya había un reconocimiento internacional del estilo y de las bandas japonesas). Incluso emergieron algunos subgéneros, como Nagoya kei, Eroguro kei, Angura kei entre otros. Esta banda nace el 1997, al año siguiente estaban en las grandes listas, lo que llama la atención de Yoshiki (Compositor y líder de X Japan) quien produce varios de sus singles. Su estilo al principio fue tremendamente agresivo, de un punk con mucha reminiscencia metalera, mucho ruido. Para Vulgar (2003), ya abandonan gran parte de su estilo extremo, dejando de lado tanto maquillaje. Son de las pocas bandas que han podido salir de Japón de forma independiente, participando junto a Family Values (Gira de las bandas Korn y Deftones durante los años 2005 y 2006). La visualidad de sus videos excede la norma, mostrando muchos elementos del cyberpunk y la nueva carne, había una gran influencia de Tetsuo en estas producciones. Quizá nada lo muestre mejor que su video promocional Obscure del 2003. Actualmente siguen vigentes y lanzando discos. En Chile se presentaron en el Velódromo del Estadio Nacional durante el 2009 y su retorno fue en el 23 de noviembre 2011 en el Teatro Caupolicán con éxito de taquilla en ambas presentaciones.

The Gazette: es una banda de niu metal que nace el

2002, y su primer éxito es el álbum Disorder, que incluye influencias de electrónica yhip-hop. Se sumergen en el rock progresivo y el look neo gótico, combinando elementos del plástico y el color negro sobre la piel que se mantienen hasta ahora.

Alice Nine: Nace el 2004 y sólo dos años más tarde ya está sacando openings (canción de apertura) de animé. Se mantienen vigentes con un rock progresivo suave, con variaciones y sus vestimentas varían debido al tema, usando los paradigmas de un neo romántico similar al gothic lolita pero para niños.

Psycho Le Cemu: Es una banda que surge tocando un rock muy clásico y suave, pero su banda se viste completamente de cosplay con referencias tanto a leyendas japonesas, como videojuegos o animé. Funcionan entre el '99 y el 2006, se habla de un retorno con Akiramenai Days el 2015 y se mantienen vigentes con su mismo estilo luminoso y colores vibrantes. Uno de sus integrantes, Aya, usa siempre un personaje femenino.

Mucc: Aparece en escena en el 2001 con su single Tsuzetsu, y para el 2005 hacen una gira por Europa. En general tocan metal, pero tiende a mezclar estilos con el punk y el grunge.

An Cafe: es una banda que se centra en la visualidad de sus miembros. Casi se puede decir que inventan el Oshare, y se definen a sí mismos como Harajuku Dance Rock (Una traducción a esta frase podría ser somos el rock bailable de la gente que camina por Shibuya). Parten el 2004 y trabajan continuamente hasta el 2010, donde toman un hiatus. El Oshare es un estilo donde mezclan diferentes estilos de patrones de telas, mucho pinche en el pelo, máscaras de respirar muy adornadas con elementos kawaii, colores brillantes en contraste con elementos punk, como cadenas, alfileres de gancho, piercings y maquillaje que busca agrandar los ojos y piel de muñeca. Influenció grupos actuales en varios de éstos elementos y la moda produce, aún hoy, ropa similar, así que es un estilo popular de vestimenta. han hecho giras mundiales, tocaron en Brasil el 2012 en Anime Friends. Es rock progresivo con pop, y se une a las bandas con un integrante que simula ser mujer.

Moi dix Mois: es la banda formada por Mana tras la disolución de Malice Mizer, con otros integrantes que han ido variando a través del tiempo. Si bien tiene elementos de su anterior trabajo, la música tiende a ser más electrónica. El 2009 tocaron en Animé Expo de Los ángeles, una de las convenciones más grandes de la cultura otaku, y se mantienen vigentes. Sigue la misma línea gótica y oscura que caracteriza lo anterior de Mana.

Impacto del visual kei en los espacios públicos y en la música chilena

Como influencia actualmente podemos decir que hay bandas y solistas occidentales que imitan o toman elementos que se ven muy similares, como Marilyn Manson, Tokio Hotel, Lady Gaga, mientras que en Chile su influencia en la música popular es tremenda, desde Planeta No en la actualidad hasta las bandas Lucybell, La Ley, Supernova, Stereo 3,Glup, Lulu Jam! y Tronic. Actualmente, el boom está en manos de las bandas coreanas, k-pop, quienes destacan con la estética de la Boy Band, donde un número de integrantes bailan complejas coreografías al tiempo que cantan. Cada video musical es realizado con increíble cuidado en generar una posible imitación, tanto en los pasos como la vestimenta. Al declinar la visibilidad provocada por el visual kei, el k-pop ingresa fácilmente como consumo social sin reivindicación, tomando esta vez el espacio situado entre Universidad Católica Campus Alameda, el GAM (centro cultural Gabriela Mistral, el edificio que reemplaza a la antigua casa de gobierno de la dictadura chilena), y el Parque San Borja (zona de reunión y esparcimiento de varias tribus urbanas). Actualmente, se puede ver grupos ocupando el espacio, bailando nuevas coreografías y formando parte del cotidiano. Habría cerca de 300 de estos grupos en Chile, que conocieron estas bandas a través de la televisión abierta y cable, nuevamente etc... TV y programas como Calle 7 (extinto programa juvenil de la señal TVN) tocaron este tipo de música. Actualmente es en el matinal Bienvenidos de Canal 13 en donde existe un tramo del show dedicada al k-pop. Entre las bandas coreanas más conocidas tenemos a BTS, banda que estuvo en Chile en Marzo los días 11 y 12, agotando dos veces la capacidad del recinto frente a la mirada escéptica de la prensa local durante este 2017 y SHINeee, quien se presentó el 6 de abril del año 2014, agotando sus entradas en dos días de venta de los boletos. Uno de sus integrantes comete suicidio el año 2017, delatando en una carta enviada su hermana los vejámenes, explotación laboral y violación de su vida privada que éste sufría por parte de su entorno laboral (ingresando a la vez al nefasto grupo de músicos que se suicidan a los 27 años).

Visual Kei como denuncia frente a la normalización

Como conclusión, se puede decir que un movimiento así surge análogo a la apatía. El individuo en su condición adolescente se vuelve creativo cuando los modos tradicionales de decir, de presentar resistencia se vuelven insuficientes. El visual kei es otro síntoma de un sistema que no ampara la variedad, pero es un síntoma distinto en tanto es consciente de su propio potencial político, y lo ocupa en lugar de usarlo. Esto lo hace diferente a otros grupos, dando un paso más cercano al arte en su tautología que a la sociología, meramente descriptiva. En el fondo, opera la idea que el malestar de mi cuerpo reflejado en otra estética me hace reflejar el otro en mí mismo, no para dejar de ser yo y ser el otro (hasta donde quedó la teoría mimética de Girard) sino para ser otro distinto de mí, del que ahora soy y de la información que absorbo. Esta conclusión parece más un manifiesto de la Nueva Carne, pero creo que la inquietud tiene que ver con esas dudas.

En una palabra, he presentado el visual kei, como el síntoma del malestar del adolescente por una sociedad que no da suficientes posibilidades estéticas ni discursos, ni de carne.

De esta investigación además hay todo un potencial de diferentes vertientes de intuiciones, que quizá más tarde utilice como base de otras investigaciones, como lo es la sexualidad virtual, la clasificación de las posibilidades del Cosplay y por qué se abocan a ello, más allá de mostrar el fanatismo por Japón. Por lo mismo, se destaca más la idea de la Nueva Carne y el cyberpunk como afluentes en las producciones actuales más que el momento de intersección de lo nuevo y antiguo.

Cyberpunk, la carne y la máquina convertida en arte

La nueva carne

El cyberpunk se ve como subgénero de la ciencia ficción, pero se postula que pasa a ser toda una forma de concebir la realidad tecnológicamente, a partir de la idea que la estructura fisiológica del cuerpo es lo que determina su inteligencia y sus sensaciones, y si se modifica esta, se obtiene una percepción alterada de la realidad. Lo que se postula entonces es que el cuerpo o debe ser visto en este sentido como sujeto sino como objeto, y es más, como objeto a rediseñar.

Una de las formas de estudio de la producción de material de massmediático es la llamada "Nueva Carne". Si bien no es posible una definición, se comprende como la producción cultural que tiende a convertir o ver el cuerpo humano como algo monstruoso. El centro de preocupación de este ensayo un determinado tipo de mutación bio-estética cuya base es la inclusión de materiales no biológicos dentro del cuerpo, volviéndolo un concepto manipulable, por lo tanto adquiere una función semiótica.

Hay varias formas de tomar el tema, pero por razones del estudio me concentraré en tres formas de explorar, y sus derivados en los medios. Uno es el Cuerpo Tecnológico, otro es la Territorialización Del Cuerpo, conocido como cyberpunk y el tercero La Carne. Estos temas están íntimamente ligados, y no se puede ver el problema sin los otros pero son tres miradas que ayudan a comprender el problema.

El Cuerpo Tecnológico se llama por acuerdo tácito a la concepción de problemáticas, tanto artísticas como biomédicas, al sistema de percepción del mundo exterior que tiene dicho cuerpo. En esto entran los sistemas de recepción de información digitales y la modificación tecnológica sobre el cuerpo, como son los anteojos, bypass y otros artículos médicos o piercings y tatuajes como alteraciones estéticas, la cirugía plástica, la manipulación de la información genética, virus, el sexo violento y los injertos tecnológicos.

La concepción de cuerpo como "lugar" se desliga cuando hablamos de la territorialización donde hay un momento en que se deja de comprender el cuerpo como lo propio, y se le ve desde afuera como sustraído y habitado por un sistema, manejado por las relaciones sociales. Entonces se busca, a la vez, una disociación de tal hecho y una resignificación del mismo como elemento simbólico. Es la sangre, el dolor, el vómito, los desechos, lo abyecto en general quienes hacen que recuerde que esta invasión de información y tecnología fue una vez amorfo, y quiera recuperar esa condición de (re)posesión sobre si.

Como contraste a este Cuerpo Tecnológico se hablará del tema La Nueva Carne, que David Cronenberg trata en sus películas y textos. Es lo que distingue al cuerpo como contenedor de un alma, es la obsesión llevar la carne hasta el límite en toda su posibilidad de ser, ya sea a través de incisiones, cirugías plásticas o modificaciones para tener mejor rendimiento académico o deportivo. Alcanzar el límite de la perfección con la paradoja que el límite es un horizonte al cual no se puede alcanzar, como descubre Rikka en Chuunibyo.

Un buen ejemplo es Akira, película de la que ya hemos hablado, y Tetsuo: The Iron Man, (1989) de Shinya Tsukamoto. Se debe comprender la diferencia entre la idea de la nueva carne y el cyberpunk en que éste cambia el cuerpo hacia lo tecnológico, y la Nueva Carne desde donde el exceso de implantes produce un deseo de recuperar el cuerpo mediante el uso de entes significativos, por ejemplo los piercings o tatuajes, que buscan significar un cuerpo donde supuestamente está solo su ausencia. A través de la herida producida por el implante comprendemos que no hay tal desaparición del cuerpo, sino que éste ha perdido su capacidad de límites de percibir y experimentar debido a la hiperconectividad, a la información que da cabida la mass-mediática.

Las intervenciones tecnológicas en la carne cambian el modo de percibir la realidad, es un cambio desde dentro hacia fuera, no para hacerse visible sino para ver más, y tiene que ver más que con la forma de una rebelión a la manera de ubicarse en su espacio social, y buscar otros resquicios, salir de la situación social que obliga a manejarse dentro de un lenguaje y buscar otros diferentes a su encasillamiento o estereotipo. Por ejemplo, usar lentes de contacto ya cambia la relación física con el mundo. (Sólo los ex "4 ojos" entenderán esto).

La pérdida de forma la podemos ver desde La Metamorfosis kafkiana, como la visión de que el monstruo humano, que aísla a quien es portador de una enfermedad, donde no hay un culpable, y ya no se concibe el error como pecado y portador de la conciencia cristiana como en Freaks de 1932. Es también una pérdida del valor de lectura que sumerge al mundo en el caos de la conciencia, de ambigüedades morales que muestra el arte barroco. Es pura carne, en su forma más nauseabunda, como en La Matanza de Texas de 1974, donde las piezas de carne no sólo nos remiten al asco, sino a la creación, al empezar con una escultura hecha de cadáveres. Como el mito de Drácula.

Cuando se habla de este tipo de lectura visual, se concierne tanto a lo monstruoso como a lo bizarro, habla de la mutación en tanto evolución humana, y la reacción del real "monstruo" poniendo al humano en estudio a su reacción al desastre o cataclismo total. Ejemplos de esto podemos encontrar en gran parte de la producción visual, como en la franquicia de comics X-Men. Pero la evolución genética también forma parte de esto. Se puede decir que los principales formas, o tropos de dicha afección son las metamorfosis (TheFly, 1986), las mutaciones (Scanners, 1981), Los dobles como Blade Runner (1982) o Being John Malkovich (1999); el hermafrodita (Madame Butterfly, 1993), y los Objetos Monstruosos (The Matrix, 1999; La Red, 1995).

Sobre el cyberpunk japonés nos referiremos más adelante, pues se debe destacar en este momento la relación inquietante entre la tecnofobia y tecnofilia de la producción de la misma. Este tema lo desarrolla Fukuyama, en su Revisión del Fin de la Historia (1992), reemplazando la cortina de hierro como tema del terror con el problema del mapeo genético y la posibilidad de funcionar mejor mediante mecanismos químicos externos, como el prozac, ritalín o viagra. La dignidad humana aparece con un nuevo problema de definición, el tomar conciencia que en realidad nunca se tuvo el poder de decidir sobre el mismo cuerpo ni mente, y donde la posibilidad de resolver sin temor a equivocarse lleva a un momento de crisis, como en el cambio de sexo.

El cuerpo y la representación:
Un diálogo estético y filosófico

La idea de Baudrillard de la aparición/desaparición como un hecho provocado por el exceso, nos lleva a la simulación del otro, que en ningún caso "el uno" se vuelve "el otro" deseado, la fuente de similitud es lo menos verosímil que hay, y se vuelve pura redundancia. El estereotipo se define en la RAE como Imagen o idea aceptada comúnmente por un grupo o sociedad con carácter inmutable, como un cliché o una imagen predecible. Al hacerse cuerpo, ocurre una mímesis del estereotipo, donde no se llega a ser, y sólo se aparenta. El cuerpo originalmente posee un estatus, una forma de verse desde dentro que usa para ello el reflejo del "otro", y sin embargo, cuando se produce el roce con el otro se produce la fractura, la herida de la que se refiere Cronenberg. La cicatriz sugerida como límite formaría una frontera más que física, temporal, es el "acontecimiento" donde se forma un antes y un después, un punto sin retorno y es desde allí, que se empieza a formar la nueva persona, la nueva carne de la que hemos hablado.

La transición del cuerpo a otro, que no es totalmente el cuerpo sino una invención desnaturalizada del mismo, empieza en una incisión que intenta territorializar un cuerpo que aparentemente aparece invadido por otro más. El acto de recuperar el cuerpo, de reescribirlo con signos, estilo collage, pastiche, es el acto de intentar introducir otro elegido para suplantar, usurpar al otro que ha invadido el cuerpo sin permiso.

La "producción", el exceso de elementos en el cuerpo entonces viene de resaltar el exceso de extrañamiento de sí mismo. Ahora, dicho proceso de construcción de la identidad, de conservarse como extraviada durante la fase que normalmente se denomina adolescencia en el humano, y es un proceso tanto biológico como espiritual, aunque aquí tomaremos más bien los puntos de vista sociológicos, y dentro de ese estatuto, los estéticos. Las operaciones para llevar a cabo la búsqueda de la identidad del cuerpo, caben también con la disposición a la sexualidad que se da preponderantemente en esta época, es más, algunos autores afirman que es el monto de definición de la sexualidad.

Dentro de la tesis planteada por Bataille en Lás lágrimas de Eros, presenta como los tres pilares de la existencia humana al eros, el trabajo y la muerte; involucrando el uso del cuerpo como materia y sujeto de dichas acciones. Para este autor, es la conciencia de la muerte la que da al primer humano, la preocupación por el mañana y la primera noción de temporalidad y cuerpo. El trabajo entonces se vuelve también sinónimo de producción y el cuerpo, capacidad de producción, y pierde su disposición de autogestión para volverse instrumento del consumo/consumidor lo que provocaría el exceso del otro en el uno.

Los parámetros o estereotipos de comportamiento ante dichas situaciones se basan dentro de la memoria colectiva como mecanismo de participación y aceptación. Pero dichos rituales que contenían un significado son ahora descontextualizados y transformados en mecanismos de expresión y protesta ante alguna situación. Un ejemplo de ello podría ser visto desde los rituales de automutilación o suicidio colectivo actualmente vistos, como por ejemplo "El Reto de la Ballena Azul".

También Bataille habla de la diferencia en el arte prehistórico, el de las cavernas y abrigos rocosos, de la representación del cuerpo, y lo femenino y masculino. Los primeros aportes en el área generalmente son vistos del punto de visto del psicoanálisis, y presentan la idea del cuerpo femenino como símbolo de la reproducción y de sobrepoblación a la vez. La "mujer" es lo voraz y lo pasivo, lo horizontal, cuyo complemento es lo masculino, productor y activo, vertical. A su vez, Riane Eisley en El cáliz y la espada hace una revisión de la historia por la historia de la mujer, basándose a través de la representación de la mujer en el arte y en documentos legales e históricos. Ella describe la situación femenino/masculino como una tensión constante entre diferentes grupos humanos, los agricultores, cuyas casas son circulares y en tumbas se encuentran iguales regalos indiferente del sexo, que ella llama "culturas del cáliz" y las masculinas, "de la espada" llamadas así porque su alimentación base había sido la carne, y vivirían del pillaje y la caza, siendo las mujeres un artículo de procreación y estatus. Toda esta teoría remonta al feminismo de los '70s. Entonces el cuerpo de la mujer, según esta lectura, vendría a ser no la de una mujer, sino la de la idea de la mujer, en tanto la del hombre es la de un hombre en particular, o un dios. También en este modo de comprensión prevalece la idea psicoanalítica del pene y lo fálico como símbolo de poder y lo triangular como el principio femenino, lo oculto. Cabe entonces pensar una serie de asociaciones, como "la mujer es naturaleza y el hombre es civilización" que pasan por el filtro de la creencia y la sociabilización.

El cuerpo representado entonces vendría a ser más que la copia del cuerpo real, su idealización o su canon. El cuerpo significa algo, y la copia del canon pasa a ser el molde del cuerpo. La pretensión real entonces es llevar este cuerpo desde su estado natural o primario al estado del canon, lo que lleva a empujar a dicho cuerpo más allá del límite.

La relación entre cuerpo y transgresión parte por la idea del límite. La primera ley supuesta es que tu cuerpo no te pertenece, o no tienes derecho a acabarlo tú mismo. Puedes modificarlo, mas el primer tabú que hay, es sobre el suicidio. Para mantener ese cuerpo, que a la razón pertenece a dios, al rey, al dueño de esclavos o al estado, se requieren ciertos derechos básicos como son el alimento, descanso, agua y atención médica. Al llegar la modernidad y venderse por fuerza laboral, el cuerpo pierde la seguridad de la esclavitud y hay sindicalización. El derecho de reivindicar, salirse del límite y entrar en una zona donde el colectivo y no el empresariado pondrá los limites, o al menos se hablaran es la idea que mueve muchos años a la ideología.

El cuerpo está delimitado por series de códigos, como he descrito antes, y estos códigos se encuentran en el inconsciente y que se articula como lenguaje. Tanto límite y estructura refieren al miedo al otro, y me refiero en sentido legal. Por ejemplo, en el Tao un hombre y una mujer no pueden caminar juntos en público sin ser pareja o esposos, la orden de restricción legal actual obliga al atacante a permanecer a 100 metros de la víctima, el preservativo a restringe el contacto entre fluidos.

En el caso del trans y la comunidad LGTBI, podemos hablar de la biopolítica que refiere al uso del cambio de sexo como el agotamiento de una identidad de género y su reemplazo por la elección, desde la concepción en pipetas (pasando por la 'alimentación masculina' en casos de concepción "natural") hasta la corrección cosmética y médica del cambio de sexo. El travestismo deja de ser un asunto de percepción para ser una realidad tangible, y de ser un límite para ser un cotidiano.

Lo cual nos deja con la idea que ser hombre y ser mujer es una elección frente a la sociedad entendida como el Otro, y dicha elección sería tan subjetiva como la elección de amistades. De esto habla Žižek en El Amor Cortés o La Mujer como Cosa. El estatuto de lo femenino recae como un panel blanco donde el hombre le da forma, según sus deseos, necesidades o fantasías, dice citando a Lacan, y dicha existencia es la distorsión del discurso masculino. Para resolverlo cita a Cronenberg en Madame Butterfly, una historia sobre un transformista chino (se diferencia del travesti en que el transformista sólo se viste de mujer como habilidad, forma de representar un espectáculo y el travesti desea ser mujer) que representa esa obra, y quien se hace pasar por mujer para seducir a un diplomático francés, todo ambientado en los años '60s. Lo improbable llega al colmo cuando, de vuelta en Francia, tras el fracaso de su actividad de espionaje, llega ella diciéndole que si la continúan, "su" hijo podrá estar con ellos. El punto es que "ella" no existe más que como una manipulación de la cultura y la realidad. Citando el texto podemos decir que el primer lugar del enamoramiento constituye un agrado de la imagen que pueda extender esa persona, y el odio constituye un sentimiento hacia la persona en sí, sus acciones e identidad. Cuando la imagen real de la persona se superpone a ese ideal construido, se puede hablar que se trata de amor. Siguiendo las citas de Žižek a la película, el actor quien manipulaba al francés, o amaba más o al menos realmente porque conocía la verdad del otro, y eso en modo alguno, denegaba su amor. El problema de la identidad en este verdadero laberinto de espejos, se resuelve únicamente con el protagonista suicidándose.

Otro autor que trata la situación homosexual/mujer/travesti/transformista es Terenci Moix. Probablemente no es muy académico, pero en sus libros desarma cada problemática de un modo que no he contemplado en textos más ortodoxos que no sean psicológicos, y lo que él hace es tomar estereotipos muy marcados y deconstruirlos. Para este autor, el homosexual es un hombre que le gustan otros hombres, que adora lo masculino y puede despreciar lo femenino. La mujer que aparece es una que no puede sentir ese "amor cortés" ni ser la "dama", no corresponde a alguna imagen de mujer previamente citada históricamente y busca 'inventarse' a través de una imagen corporativa. Siempre sabe estar, se sabe vestir y es eficiente hasta la exasperación pero incapaz de sentir amor (como Miranda Priestly en El diablo viste a la moda). El "travesti", que desea ser mujer y famosa, como Madonna, y adora los ideales estéticos que las mujeres inventan para ser imitados (Madonna misma es profundamente católica, pese a que vende sexo; el personaje de Garras de Astracán en cambio, vendía su virginidad), en el fondo, divas o el exceso de lo que debiera ser el femenino. El otro personaje que aparece en los libros es el "transformista", el que se viste de mujer como un trabajo. Finalmente, dentro del reparto aparece el "macho", el hombre heterosexual. Aparece como una pantomima de "caballero", ridículo y ridiculizado en un tiempo que las Damas exigen que les respeten su derecho de ser Caballeras (lo vemos como tópico frecuente en animés como Shōjo Kakumei Utena o La Princesa Caballero). El "travesti" según Terenci da un gran ejemplo de la relación entre el que desea ser mujer (Quiero ser mujer de labrador, y poner sus pantuflas al fuego cada tarde, le llora a su madre para convencerla de su cambio de sexo) y la que, sin rechazarse, si siente aversión por la elección del sobrino por la característica que desde el momento que tuvo rasgos sexuales secundarios, paso de ser alguien a ser objeto sexual, y su vida se gasta buscando ese retorno a ser persona.

Otro de los síntomas que se comprenden y revisar en torno a La Nueva Carne es la moda o la conducta compartida de la automutilación infanto-juvenil, como la reacción o un síntoma al abuso sexual y verbal del sujeto, pero se puede ver desde ciertas tradiciones como acciones sobre el cuerpo, en el modo de homenaje a un fallecido o una petición divina, o el paso a la adultez. Este tipo de conductas aparecen no sólo por el entorno ya directo, la familia y escuela, sino un problema de imagen global, con respeto a la imagen de un cuerpo filtrado por accesos tecnológicos y a una sexualidad confusa, apelando a la publicidad no sólo por el uso de la imagen, sino del erotismo y voyerismo. Aumentado por el uso de redes sociales, facebook e instagram se instalan como los grandes medios de exhibición de las conductas o pensamientos antes descritos, como una antesala o vitrina.

El gusto y la atención por el morbo de ciertas producciones como El Club del Suicidio (Jisatsu Saakuru, película independiente japonesa del año 2002, basada en hechos reales), donde hay un interés más que por comprender el por qué, se intenta ver el cómo la muerte y el dolor pasan por experiencias estéticas intersubjetivas y no solo artísticas, en el sentido de la exigencia y diferenciación de la verdad. Este proceso tiene que ver con la aceptación del dolor psicológico, y se relaciona con la bulimia y la anorexia, al ser los tres trastornos de la imagen autoimpuesta del propio cuerpo, el "mí". Y si, para entenderlo bien, se puede ver la primera versión del final de Evangelion.

La posesión, la imagen, el reflejo, son asuntos concernientes a una etapa que pasa ahora el sentido del ideal de cuerpo. Probablemente sea moda, pero el modelo actual es sexualmente ambiguo en comportamiento y cuerpo, este cuerpo es el del modelaje, cuya delgadez no permite que se vean rasgos sexuales femeninos y masculinos. Hay teorías que culpan de ello a una sociedad que exige perfección y éxito en las empresas que emprende, el problema está en dicha imagen de éxito, tipo Donald Trump. También, en el caso de los jóvenes, la obsesión por el forjar una imagen imitando las del éxito, puede ser debido a la falta de situaciones en la actual vida y desarrollo, donde se exija voluntad, estos manejos de la imagen y la búsqueda de una perfección física pueden ser consecuencia de la superficialidad y falta de metas. Un ejemplo de esto fue MADE, un programa tipo reality que transmitió el canal MTV, donde los jóvenes eligen un propósito y se entrenan durante un mes o dos, cambiando costumbres, hobbies y apariencia. El propósito de esta reflexión es mostrar que el ideal pictórico/literario (que actualmente es uno) es plenamente convertible a una vida cotidiana, dando cuenta de la supresión del límite entre la ficción idealista y la posibilidad real.

En resumen, el cuerpo se entiende como el locus, el lugar de desarrollo del carácter, de resolución del sistema, de resolución de lo afectivo. La imitación en la performance busca llevar a cabo una razón ideológica basada en el exceso de normalidad, lo que lleva entonces a buscar el lugar de pertenencia en el cuerpo, a revestirlo de significantes tanto estéticos como ideales. Esto entra en conflicto con la filosofía platónica y cristiana, donde que el conocimiento pasaba por una iluminación mediante otro, sacerdote o filósofo, quien era el que indicaba el medio de conocer la realidad. El cyberpunk como praxis promueve la libre información, donde cada cual es artífice de su propia visión de realidad.

Cyberpunk

Se llama cyberpunk a un género de la ciencia ficción que habla de los avances tecnológicos, y de cómo el cuerpo se adaptaría a ellos, dentro de un futuro post-apocaliptico. El desastre puede ser natural o provocado por los humanos, como apocalipsis zombie, postguerra nuclear, o invasión de robots/alienígenas. El creador del término fue acuñado por el escritor William Gibson, autor del Neuromante (1984). Se compone de las palabras cyber, lo tecnológico, y punk, término inglés que significa basura, escoria, y habla de cómo la tecnología influye negativamente en la sociedad. Esto lo diferencia de la ciencia ficción, que ve con optimismo la llegada de la tecnología y su impacto en el desarrollo social. Nace como literatura, pero se desarrolla también en otros formatos como el cine y televisión, y los revisaremos paso a paso.

Los límites de cuándo una producción es ciencia ficción o cyberpunk son bastante difusos, pero se puede aproximar cuando distinguimos en las producciones visuales o novelescas la presencia de la red, la discusión de lo tecnológico y el cambio social y corporal que sugiere, haya o no un futuro distópico que lo guíe. También la disidencia organizada, cultura pop y anarquía de los usos de la tecnología e información están presentes, pero es el espacio virtual, amorfo y no visible geográficamente pero habitado el lugar donde ocurre la mayor parte de la acción. La identidad entra a cuestionarse, a desarmarse junto con la noción de lo real. William Gibson es quien reafirma la teoría y le da forma con sus cuentos cortos, como el Neuromante (1984) para seguir con adaptaciones al cine, e incluso escribiendo episodios de TV. En la novela mencionada, el protagonista se conecta para vengarse de sus socios criminales. Los personajes no son héroes, sino desadaptados de la sociedad donde nacen, dándole sentido a la parte "punk" del género.

Además de Neuromante, Gibson escribió otras novelas del género, sumergidas en trilogías. El mentado libro, sería la primera parte de la Trilogía del Ensanche, compuesta también de Conde Cero (1986) y Mona Lisa Acelerada (1988). Escribiría varias trilogías más, cuentos para revistas literarias o antologías, y algunos guiones de televisión, como capítulos para la serie Archivos Secretos X.Si pueden, léanlos. Son cortos y dejan mucho en qué pensar.

Si bien nace como género en la narrativa de novela, problematizando de paso la forma del mismo, tiene un paso brillante hacia la pantalla grande no sólo como adaptación, sino como producción propia. También el lenguaje de la TV se vio afectado por el género, nuevamente saliendo o apareciendo desde el estereotipo de nerd o hacker, como Ed en Cowboy Beebop o Penélope García en Criminal Minds. Revisaremos su desarrollo en los distintos medios de forma histórica. Por extensión se mencionará sólo algunas creaciones, las que dan forma o son más conocidas o arquetípicas del género.

Dentro del cyberpunk, podemos hablar que hay varios subgéneros, como el biopunk o steampunk, el primero se refiere al "hackeo" genético, como Jurassic Park, y el segundo a una utopía histórica, basada en la época victoriana y la revolución industrial de la energía a vapor. Un ejemplo de esto, es la novela La máquina Diferencial de Gibson y Bruce Sterling. Tiene homólogos como el Dieselpunk, basado en la segunda guerra (1920 al 1950) con tecnología actual (Sucker punch, El Arca Perdida, Policía del Karma) y el Wirepunk, basado en una época más cercana a la nuestra, dando pie al "Efecto Mandela". El postcyberpunk se preocupa de los efectos de la red, pero sin tanto pie hacia lo político, la distopia o los implantes físicos.

Del biopunk podemos decir que su principal escritor es

Paul di Fillipo, pero es más conocido por las novelas de Michael Crichton en 1990, que trata sobre la ingeniería genética aplicada a animales, dando pie a Jurassic Park. También se podría incluir en este apartado la película La Mosca (1986), las series DarkAngel y Gen Mishima (realizada y transmitida en Chile). En Videojuegos, citamos a ResidentEvil (1996), el cómic Cadillac y Dinosaurios (Xenozoic Tales, 1986) que sacó un videojuego del mismo nombre en 1992.

El Steampunk tiene por ejemplo La Chica Mecánica de Paolo Bacigalupi del 2009 o Wild Wild West, película del 1999 cuyo protagonista estuvo actuado por Will Smith. En los cómics podemos citar La Liga de los Caballeros Extraordinarios del 2003, y en manga/animé, Full Metal Alchemist, 2001 y el cómic Wasserland 1862 publicado por el sello MEWO en Valdivia, Chile.

Cyberpunk en el Cine

Es tan abundante la producción fílmica del género que podemos escribir horas y horas de películas basadas en este movimiento, pero mencionaremos las más clásicas junto con una breve reseña. Se intentará mencionar aquellas que han nacido para la pantalla grande y como novelas, aquellas en que se inspiran. Pero cómo son creadas para convertirse en franquicias, la línea entre la creación original y su adaptación muchas veces se vuelve difusa, generando dos obras diferentes con la misma historia.

Mad Max: (1979) Tetralogía en donde muestran cómo un policía con un vehículo se convierte en la leyenda de un mundo hecho pedazos. Fue con esta cinta que Mel Gibson saltó a la fama y que en su última entrega en 2015 (Mad Max: Fury Road) fue interpretado por Tom Hardy.

Blade Runner: (1982) basada en la novela de Philip K. Dick ¿Sueñan los androides con ovejas eléctricas? Publicada en 1968 y ganadora de los premios Hugo y Nebula. En ellas se muestran unos cyborgs tan evolucionados que se creen humanos, y humanos que usan robots para suplir los extintos animales. Dirigida por Ridley Scott (Alien, el octavo pasajero) y producida por Alan Ladd, (StarWars, Alien).

Tetsuo The Iron Man: (1989) Este es un film de cine arte bastante experimental que muestra cómo un fetichista de la tecnología recubre su cuerpo con gadgets de última generación, hasta terminar siendo un hombre metálico con interior biológico que ve a través de cámaras instaladas en diferentes sitios.

Robocop: (1987) dirigida por Paul Verhoeven (Bajos Instintos, El Vengador del Futuro) trata sobre uno de los temas recurrentes del cyberpunk, la piel intervenida. El policía Alex J. Murphy (Peter Weller) es extensamente modificado tras morir en una balacera, convirtiéndose en un cyborg o robot con funcionamiento biológico. La interacción entre el humano tras la computadora aquí se ve menoscabada bajo la idea del héroe, que a pesar de la orden internalizada en su programa salva el día.

Johnny Mnemonic: (1995) Basado en el cuento de Gibson, trata sobre un traficante de datos que tiene físicamente un disco duro en su cabeza, pero que recibió más información de la que quisiera y es perseguido por ello. El protagonista es Keanu Reeves, quien más tarde sería Neo de la saga Matrix.

Matrix: (1999) Trilogía de las hermanas Wachowski, la humanidad está reducida a ser la batería biológica de un gran universo de computadoras, eso lo resume todo. Un hacker descubre que toda la realidad que lo rodea es una proyección de una computadora, a la que los cuerpos humanos están conectados para ser utilizados como pilas orgánicas. Dentro de este mundo, se convierte en el "elegido para salvar el mundo".

A.I.: (2001) Inteligencia Artificial es una película basada un libro de Isaac Asimov. Lo comenzó a rodar Stanley Kubrick, pero murió a mitad y fue terminada por Steven Spielberg. La trama ronda en cómo reaccionaríamos los humanos a los robots y cyborgs uno vez que estos estuvieran integrados a la sociedad, sin existir un parámetro moral para decidir sobre ellos. Dentro de la misma línea y estética se encuentra Yo Robot, (2004) que trata de como uno de los robots domésticos producidos por una compañía comienza a cuestionar su razón de existir y servir a las personas tras haber cometido un asesinato que él no quería realizar, cosa que comienza a investigar un detective, actuado por Will Smith, a quien no le gustan mucho las tecnologías.

Cyberpunk en Cómics

En los cómics la cantidad de títulos es aún mayor, así que destacaremos sólo algunos como referencia. Para empezar, no podemos no citar a Moebius, un dibujante de origen francés, cuya parte de su obra habla de futuros alternativos en donde las máquinas se toman el poder. Su nombre real es Jean Giraud, y entre sus obras podemos citar El Incal, hecho en colaboración con Jodorowsky, The long Tomorrow, y colaboró activamente para las películas Blade Runner, Alien y El Quinto Elemento. Su influencia sobre la estética del cyberpunk es muy profunda, y abarca desde el diseño de personajes hasta de las naves o las tomas y fotografía. Nostromo, la nave de Alien, con sus pasillos curvos y orgánicos, llenos de cables, sale directamente de los dibujos de este autor.

Marvel 2099: (1992) Es una línea de universo donde muestra los personajes clásicos en un futuro alternativo, donde todos los villanos y héroes han desaparecido tras una gran purga y el mundo es dominado por megacorporaciones. De a poco van apareciendo unos símiles a los héroes conocidos, como un Hulk se vuelve una bestia genéticamente alterada.

Tank Girl: (1988) Uno de los cómics que, además de volverse con una historia realmente novedosa, marcó pauta al generar su propia estética reconocible. Cuenta la historia de una chica que maneja un tanque, que es también su casa. Ella vive en un planeta donde cayó un meteorito y evaporó toda el agua, generando que sea el nuevo "oro" que todos buscan controlar. Junto con amistades extrañas, mutantes y abuso de drogas, este cómic trascendió a la pantalla grande con una película de su mismo nombre, en 1995.

OMAC: (1974) Un tipo cualquiera que es elegido por un satélite llamado Hermano Ojo y lo vuelve un musculoso que tiene destruir fábricas con muñecas muy sensuales, y parecidas a los humanos. Creado por Jack Kirby para DC y que a pesar de haberse hecho décadas atrás de este movimiento, se atiene bastante al cyberpunk. Habla de las redes y el alcance del Hermano Ojo sobre la vida cotidiana. Es citado por DC en varios cómics, como Batman o la Crisis Infinita, haciendo referencia a Gran Hermano.

También dentro del mismo DC cómics, se desarrolla la idea de los cyborgs OMAC (Ovni Mind and Community) cuya función es asesinar a cualquier ser con superpoderes. Sacaron un número propio el 2005.

Cyberpunk en Animé y el Manga

El despliegue del animé como lenguaje ha sido uno de los responsables de expandir este género de ciencia ficción. Una de las explicaciones que existen sobre el tema es la historia de los últimos 100 años de Japón, debido tanto a la destrucción por las bombas atómicas y sus secuelas, y al hecho de en poco tiempo pasar de ser un país con una cultura milenaria a estar sumidos en tecnología, megacorporaciones y el capitalismo occidental.

Neon Genesis Evangelion: (1995-1997) Al inicio de este libro, en el ensayo Evangelion como el fin del animé hablamos extendidamente sobre esta serie, más aquí podremos examinar la situación bajo la mirada del cyberpunk. El desastre que ocurre años antes del punto de partida de la serie es un estallido de origen desconocido en la Antártica que da pie al Segundo Impacto. Años después, los japoneses reconstruyen Tokio, y para defenderse crean a los EVA, y una suerte de robots con partes orgánicas para deshacerse de las amenazas. Nuevamente aquí vemos la idea del mundo después del desastre, pero un desastre tecnologizado. Cómo las corporaciones y la ciencia tomarían el poder por sobre los intereses afianzados en la historia y la gente. Muestra también una carnalidad brutal, una forma de entender la interacción máquina y cuerpo y expresión de los temores que también habla la nueva carne, en este caso, sería una alegoría del embarazo y parto de Shinji y Asuka a través de los EVA que les corresponden, pues los espíritus o esencias de sus madres respectivas habrían quedado en el programa base de cada máquina.

Tetsuwan Atom: Más conocido en Chile como Astroboy, es una obra de Osamu Tezuka (conocido como el padre del animé) distribuido entre 1952 y 1968, en plena postguerra. En 1968 salió su versión animé, uno de los primeros en conocerse fuera de Japón. La historia se enmarca en un futuro donde humanos y robots conviven, y trata sobre las aventuras de este robot, construido por un científico en reemplazo de su hijo Tobio fallecido en un accidente. Igual que en A.I., pronto el creador nota que no basta para llenar el vacío y lo entrega a un dueño de circo. Tras un tiempo, el nuevo ministro de ciencias, Ochanomizu, lo acoge y descubre que tiene varios poderes los cuales utiliza luego para luchar contra el mal y la injusticia. La mayoría de las veces, lucha contra otros robots o humanos a quienes les disgustan.

Akira: (1982-1990) Es una historia que transcurre en un Tokio reconstruido luego de la Tercera Guerra Mundial, lleno de tecnología, delincuencia, drogas y de personas manipuladas y mutadas en laboratorios. Lo hemos mencionado anteriormente porque es el punto máximo donde el cuerpo deviene caos. Tiene una versión animada dirigida por Katsuhiro Otomo en 1988, basada en el manga homónimo del mismo autor publicado entre 1982 y 1990. Las líneas argumentales entre ambas difieren por la fecha de estreno de la versión animada y el final publicado, pero se sitúan en el mismo universo, un Neo-Tokio reconstruido pero con graves problemas de terrorismo y delincuencia. Tetsuo, miembro de una banda de motociclistas, se encuentra en un accidente con Takashi, un niño con poderes paranormales y apariencia de anciano. Este evento desencadena poderes psíquicos en Tetsuo, que atraen la atención de un militar que le ayuda a desarrollarlos. Dichos poderes causan a Tetsuo grandes dolores de cabeza, y más adelante, empiezan a distorsionar su cuerpo, dándole la habilidad de transformar materia inerte en carne e integrarla a su cuerpo físico. Como los poderes sólo pueden crecer, su cuerpo empieza a perder control y finalmente se transforma en una masa informe que absorbe todo lo que está cerca hasta que es detenido por Akira.

Este personaje es la causa del nombre de la historia. Tiene poderes psíquicos a nivel de un dios, pero la apariencia de un niño. Es responsable de la destrucción de Tokio y el inicio de la Tercera Guerra mundial. Después de la guerra, fue criogenizado. Esencialmente es una cáscara vacía, sus poderes han borrado su personalidad.

Ghost in the Shell: (1989) conocido en Japón como Mobile Armored Riot Police es una historia que cuenta casos de la policía de contraterrorismo de cibercrímenes donde la protagonista es la mayor Motoko Kusanagi, una cyborg. Aquí se desarrolla la filosofía de su autor, y se investigan las consecuencias del avance tecnológico en temas como la conciencia e identidad. En este mundo, la computación y la cibernética han avanzado tanto que la tecnología se conecta directamente al cerebro y a varias redes. Incluso hay partes cibernéticas que reemplazan tejido vivo en caso de accidentes, como prótesis.

Tuvo varias secuelas, en el 1995 y 2004 se animaron algunos capítulos del manga (The pupetmaster e innocence). Y este año, 2017, salió la película liveaction(adaptación cinematográfica de un manga o animé realizada por actores de carne y hueso), cuya protagonista es actuada por Scarlett Johanson. Además tuvo una serie de animé llamada Stand Alone Complex, de 26 episodios.

Bubblegum Crisis: La original de 1991 y su universo alternativo BC2040. Trata de un grupo de mujeres cuyas motos se transforman en armaduras para luchar contra los robots humanoides llamados "boomers" o "cyberoids", seres creados en laboratorios y que lograron escapar de los mismos. La serie original se sitúa en un futuro Tokio de 2032, dividido geográfica y culturalmente por un gran sismo ocurrido 7 años atrás. El gran enemigo es la megacorporación Genom, dueño de los laboratorios y que construyeron estos "boomers" y "cyberoids" para servir a la humanidad, pero que acabaron siendo sus grandes enemigos. Aún así, la organización policial a la cual pertenecen las protagonistas, se ve asediado de solicitudes y bajo presupuesto.

Serial Experiments Lain: Emitida en 1998, fue un seinen (manga cuyo público objetivo son los mayores de edad sin explotar tanto la veta erótica) vanguardista en temáticas y la forma de animación, en tanto trata temas como la Internet, la realidad, y la identidad. La trama gira en torno a Lain, quien al principio es una joven de secundaria que no tiene contacto con la tecnología, y que vive en una familia un tanto indiferente. Recibe un e-mail de una compañera de colegio que se suicidó hace pocos días, y desencadena una búsqueda de lo real, y de la existencia de vida en la red (o wired). Mientras se desmantela o deconstruye el decorado de fondo, vamos viendo paso a paso que la misma figura de Lain no preexistía a la Internet, y se descubre como figura que habla con el mismo Dios de la Red.

Gantz: parte como manga entre el 2000 y el 2013, teniendo una serie de animación el 2004 y una película animada en CGI el 2016. Se centra en la historia de Kei Kurono y Masaru Kato, quienes mueren al tratar de salvar un borracho que había caído a las líneas del metro. Despiertan en una habitación con otras personas al lado de una esfera negra llamada Gantz que les indica que han muerto y pueden salvarse sólo si cumplen las órdenes que les dará. Esta historia explora los límites del cuerpo y la voluntad, así como muestra una realidad donde hay aliens y tecnología fuera del alcance normal. Pone en duda la noción de identidad y de vida.

Blame!: es un manga distribuido entre el 1998 y el 2003 que trata sobre cómo la tecnología se ha adueñado del mundo y de casi todo el sistema solar, construyendo una auténtica tierra de laberinto entre edificios y cables, que ha sometido y casi eliminado a toda la raza humana. Este manga lo protagoniza un tipo llamado Killy que se la pasa buscando a alguien con genes que puedan conectarse a la red, y su camino eliminará a sus enemigos, los seres de silicón. El tropo utilizado es El Gran Monstruo, muy paralelo a Matrix, pero usando elementos estilísticos de hacer orgánica la estructura que se auto construye de forma infinita y caótica.

Páprika: (2006) basada en la novela del mismo nombre de Yasutaka Tsutsui, trata sobre un psicólogo que investiga un aparato llamado DC Mini que permite a los terapeutas ingresar en los sueños de sus pacientes. La doctora Atsuko Chiba entra ilegalmente a los sueños de sus pacientes usando su alter-ego, llamado Páprika. Las cosas se salen de control cuando uno de los dispositivos es robado y mal utilizado, generando un desfile de locuras, obligando la doctora a usar su alter ego para volver todo a la normalidad. La idea de una interfase tecnológica que permita psicoanalizar rápidamente al paciente, y curarlo da pie a la posibilidad de cambiar recuerdos, y modificar conductas.

Ergo Proxy: (2006) situándose tras la destrucción de la tierra, los humanos y los androides conviven pacíficamente, pero aparece un virus llamado Cogito que afecta a los últimos, obligándoles a destruir la ciudad y asesinar. Su protagonista es una chica de 19 años llamada Lil Mayer que trabaja para el servicio de inteligencia, quien representa a la "elite" en ciudad "Romdou". Ella descubre que el gobierno ha estado fabricando los "Proxy", humanoides semidioses que asegurarían la supervivencia de la humanidad y que poseen como nombre los apellidos de los más destacados filósofos del siglo XX. En esta ciudad, los humanos aparentemente no tienen forma de reproducirse naturalmente, por lo que son creados con fines específicos en úteros artificiales. El ending (canción de cierre de un animé) se utilizó la canción Paranoid Android de la banda británica Radiohead.

N.6: parte como novela de ciencia ficción, de 9 volúmenes, con adaptación al manga y animé el 2011. En ella vemos la ciudad ideal conocida como n.6, donde el estudiante destacado llamado Shion abre su ventana durante un tornado, hecho que Nezumi, un fugitivo, aprovecha para entrar y descansar. Shion cura sus heridas en lugar de reportarlo. A la mañana siguiente, Nezumi se ha ido y Shion enfrenta las consecuencias, siendo destituido del programa espacial. La acción se retoma años después, y vemos a un Shion siendo jardinero de la ciudad, y su madre pastelera. Es en este trabajo que descubre que hay una especie de abeja cuya mordida hace desaparecer un cuerpo en pocos segundos. Al cuestionar la ciudad, es capturado pero Nezumi reaparece para salvarlo y llevarlo consigo tras los muros, a la zona oeste.

Desde allí, trabajarán en destruir el complot detrás, con distintos motivos, poniendo en jaque la posibilidad de la paz completa, los conceptos de seguridad y bienestar social, a la vez de la ecología. También muestra cómo una persona cambia, en el tópico de la mutación de la identidad ante la información sobre su mundo.

Sword Art Online: Creado a partir del 2012, esta obra emerge como un videojuego online y luego se diversifica como novela ligera y manga de gran éxito dentro y fuera de Japón, recientemente traducida la novela al español por el sello Planeta Cómic España. Se basa en la conexión casera mediante un casco a un videojuego conectado a la red, donde se interactúa con personas de todo el mundo. Hay plataformas y servidores de cada país, claro, pero dentro del esquema mismo del juego no tiene gran importancia el origen geográfico del jugador. La historia parte cuando en el lanzamiento beta de Sword Art Online, 1000 jugadores de todo el mundo se conectan sólo para descubrir que no pueden cerrar sesión. Un administrador megalómano cerró este mundo sólo para ver cómo funciona una sociedad tipo medieval en un mundo sin ley. Además de no poder desconectarse del programa, tampoco pueden apagar el Nerve-Gear, a riesgo de morir. Mientras sus cuerpos se mantienen en coma, deben luchar, y al morir en el juego, morirán también en la realidad. El protagonista, Kirito, al principio se mantiene alejado para no matar a ningún jugador, pero tras conocer y establecer una relación con Asuna vence el último nivel y libera a todos. Al despertar, descubre varios personajes siguen atrapados, y debe reintegrarse al programa a través de otro juego, ALO, sólo para desenmascarar al autor de la primera tragedia.

Cyberpunk y Videojuegos

Otra gran plataforma de desarrollo del cyberpunk son los videojuegos, usados desde los '90s como medio de comunicación y medio de expresión artística. Aparecen como temáticas propias, adaptaciones de novela y cine, y franquicias que luego se desplazan a producir libros y series.

Mega Man: (1987) Juego de plataforma donde científicos crean robots para repoblar el planeta, intentando salvar los pocos humanos que quedan. La historia principal trata sobre uno de estos científicos, que toma estos robots y los modifica con el fin de crear caos en la ciudad, para dominarla. Entonces se modifica a Rock, un robot creado para labores domésticas con autoconciencia que se ofrece para convertirse a modo batalla y hacer frente a la amenaza.

Metal Gear: (1987) Basado en el Agente Snake, quien es un espía en un mundo donde la guerra fría nunca termina, y las conspiraciones son constantes, junto con una inminente guerra nuclear. Las gráficas y el avance es parcial según elecciones del jugador.

System Shock: (1994) Juego de disparo en primera persona en donde el protagonista debe escapar de una base donde ya no quedan otros humanos vivos, pues han sido asesinados por los robots que les servían. Además, el jugador-protagonista debe hackear el sistema para vencer una inteligencia artificial que controla la estación espacial donde se encuentra. Deus Ex y Bioshock son sucesores espirituales de este juego.

Fallout: (1997) esta serie tiene 4 juegos oficiales y 4 spin off. Juego tipo rol en primera persona que toma lugar en el 2161, en un mundo post-guerra nuclear, donde los humanos coexisten con los mutantes en una tierra devastada. A la vez, es divergente con la historia, pues muestra una realidad donde el transistor no fue inventado, mientras que las válvulas termoiónicas o tubos de vacío sí, junto con la física atómica, dejando la sociedad estancada en la estética de los '50, con un estado fascista y corrupto. Se da la paradoja de robots y autos muy avanzados con teléfonos antiguos.

Final Fantasy VII: (1997) es uno de los universos más conocidos de la franquicia de Final Fantasy, basado en un mundo más similar al nuestro, con fábricas y ciudades. Trata sobre Shinra, una corporación que explota la energía geotérmica llamada Mako y experimenta sus efectos en soldados y humanos. La historia se centra en el grupo Avalancha, que busca evitar que Shinra drene del todo el Mako presente en la tierra, en forma de eco-terroristas.

El Problema de lo Kawaii: かわいい

Hello Kitty y Feminismo

Prolegómenos frente a lo kawaii

Al pensar en kawaii inmediatamente tenemos la imagen mental de ojos grandes y brillantes, ropa de colores fuertes y mucha blonda, y por supuesto, todos los íconos de productos que se venden con determinadas marcas, como Rilakkuma y Hello Kitty. Pero el tema de lo kawaii va mucho más lejos, es un tema de estructuración de consumo social que pasa a ser un tema de lingüística, y de estética.

Cuando comenté a ciertas amistades que estaba revisando información del tema, me pusieron cara de "¿Estás hablando en serio?", porque tomamos lo kawaii como algo bonito, que tenemos en los clóset y la cocina, pero que no tomamos en serio. Un gusto desubicado, que es exclusivo para niñas y hasta cierta edad del cual sentirse avergonzadas, pero que no podemos evitar comprar. Pero lo cierto es que más que un estilo, o moda, es una forma estética, un lenguaje por derecho propio. Siempre contradictorio, lo kawaii es uno de esos conceptos que cuesta mucho agarrar, porque no tienen un límite sólido y arremete contra nuestra misma idea de lo apropiado: lo limitado y definible. Representa a la vez aquello que deseas ser/poseer, pero que a la vez sabes que no debes/puedes debido a que eres adulto.

Este consumo especializado tiene una fuerza histórica y una potencia que deja atrás la posibilidad de ser sólo un problema de semiótica, o una moda pasajera y pasa a ser un problema sociológico, donde se mezcla el tema del femenino con toda su significación, y de la visualidad vacía, nuevamente.

Cómo surge el concepto de lo kawaii

Si, lo kawaii es infantil. Es simple, sencillo, no se define a sí mismo como una construcción cultural que atente contra el capitalismo, no aparece como contracultura, es más, parece completamente apropiado al ser un producto de venta rápida, si bien causa malestar por su exceso. Si se parte por definir kawaii, podríamos decir una serie de palabras que nunca alcanzan una equivalencia total, siempre vinculados a la infancia, inocencia, a algo inusual o especial, que causa una sensación de bienestar al verlo, al punto que lo quieres tener. Normalmente, se le asocia a las cosas delicadas, suaves, redondas y de colores pasteles. Pero en un análisis semántico más profundo, se puede diferir que se trata no sólo de cosas, sino de gente, de comportamientos y actitudes, de cierta forma de empatía.

Hay que decir, llegado a este punto, no existe estudios ni publicaciones de lo kawaii ni del shōjo o el tercer género en español para que podamos citar, sólo en inglés por lo que todo pasa por una traducción que puede ser equívoca en algunos aspectos, pero es muy significante porque genera figuras inexistentes en nuestro idioma.

Lo más probable es que se nuestras abuelas se hayan casado sin terminar la educación secundaria, y estamos hablando de comparar una cultura que lleva miles de años de darle importancia a los apellidos, a ser un buen adulto y alguien útil a la sociedad, por lo que la cultura de lo kawaii en Latinoamérica sigue la misma línea de rechazo aunque por motivos diferentes.

Al intentar traducir más exactamente el término Kawaii acabamos cayendo en comparación por parecido, pues como vocablo no tiene significado exacto ni traducción correcta, porque no significa solamente "lindo" o "bonito". Una forma de comprender una palabra que no está en el idioma es revisar los otros equivalentes que tenemos con ese lenguaje, como pronombres básicos (yo, tú, él) y luego verbos básicos. Desde luego, podemos comprender que kawaii es utilizado para describir a los niños pequeños y ciertos comportamientos referidos a la inocencia y la pureza. Se supone que los niños empiezan a usarlo cuando están en la escuela, pero a los comportamientos de varones, alrededor de primaria, se reemplaza por kakkoii, que vendría siendo "genial", pero el de las niñas queda como kawaii. Esta desigualdad en el uso implica que la niña debe seguir siendo agradable, dulce y obediente, a la vez que inocente y el niño sí puede implicar otro tipo de comportamientos, por lo que pasa por ser un refuerzo de comportamiento de género, donde califica como tal lo apropiado dentro de cierto margen de edad. El uso continuado de lo kawaii, refiriéndome a vestuario o elementos de colección, es mal visto. Un bolso puede ser suficientemente kawaii, o demasiado kawaii (itakawaii en tal caso) para ser usado. Un joven puede ser kawaii, y se va a molestar por el adjetivo. De todas formas, hasta el gobierno usa mascotas en los signos y carteles, con el fin de hacerse más cercanos a la población.

Kawaii son los niños, la inocencia, es lo amable, lo que te provoca una sensación de bienestar al verlo, y la sensación de que quieres poseerlo. Es la nostalgia del perfecto imaginado, y visto por la sociedad japonesa, una suerte de escapismo del ser adulto. Seguir la línea del coleccionista implica una apropiación de elementos que se acerca al fetichismo en tanto la conversión de una estética femenina convertida en una hecha para un público masculino, y es mal visto por la mayor parte de la sociedad.

No hablaremos de la relación de lo kawaii con el eroge o hentai, que son juegos basados en la estética pero cuyos contenidos son altamente sexuales. Si bien hay una relación con lo erótico, esta fue derivada de la original para dar resolución al mercado de lo sexual y no guarda relación con el desarrollo del shōjo.

A través de este ensayo veré diferentes perspectivas de los significados de la palabra kawaii, pasando por la historia, teorías de porqué nace y finalmente su influencia en la moda y diseño actual.

Origen histórico de lo Kawaii

Este modelo de consumo, como decía, tiene un fundamento histórico. Para la curadora del Museo Yayoi-Yumeji, Keiko Nakamura, parte con el hecho de que a finales del siglo XIX se empezó a enviar a las niñas de clase medio alta a internados fuera del hogar. Pero el hecho decisivo para el establecimiento de esta estética fue 1914, cuando el ilustrador Yumeyi Takehisa abre una tienda especializada en artículos escolares como libretas, lápices, grabados en madera, bordados, tarjetas, libros ilustrados, paraguas, muñecos y cuellos de kimono, con ilustraciones que representan imágenes dulces y tiernas. Lo interesante de este acto son dos cosas: fue la primera tienda cuyo público objetivo eran las jóvenes, y ocupó las cosas "bonitas" para vender. Este término, bonito, es usado y comprendido en la idea que no es "bello", no representa un ideal de belleza inalcanzable, sino lo redondeado, adornado.

En años anteriores, la costumbre japonesa era que se criaban en casa y luego, al cumplir 12 o 14 años, eran introducidas como sirvientas, asistentes, o casadas, dependiendo del rango social. Con la llegada de las leyes occidentales, se hizo obligatoria la escolarización tanto de niñas como niños, quienes luego de egresar del secundario obligatorio, naturalmente se casaban. Fue alrededor de esta época, entre principios del siglo XX y la primera guerra mundial, que las mujeres empezaron a seguir estudios superiores, o tener trabajo, lo que generó un grupo femenino con tiempo y dinero. Aquí es donde nace la figura de shōjo, un estatus similar al de "muchacha" aunque con un significado diferente del español, en tanto que no hay término para un tercer género. La palabra no significa mujer joven soltera, solamente, sino está cargado de la situación de peligro para el estatus de la familia donde pertenece, y era casi un peso para la misma.

Hay que entender, primero, que los estatus sociales nunca han sido los mismos, y hay siempre una mutación en cómo llamamos las distintas etapas de la vida. A las niñas pequeñas se les trata de una forma, y al llegar a la adolescencia, durante casi toda nuestra historia, se les casa prontamente y hay un gran deseo de generar esta unión con fines económicos o políticos. Una joven no llega a ser adulta hasta que está casada y tiene hijos, por lo que la idea de enviar las niñas a estudiar lejos de casa generó una preocupación social, dado que siempre debían permanecer bajo la tutela de alguien más. Declararse shōjo, mujer adulta sin familia y sin tutela, debió ser un problema mayor. Esta muchacha entonces aparece como empoderada, pero sin libertad sexual pese a ser madura sexualmente, y para poder moverse debe ser asexuada, no debe generar deseo en el hombre. Y no debe representar una amenaza al patriarcado, para lo cual se viste y actúa apropiadamente. Uno de los efectos secundarios de las nuevas leyes, fue el tema del reconocimiento de los niños: para ser inscrito debe ser reconocido por el padre, lo cual generó una demanda de esposas vírgenes, porque según su costumbre, el semen de un hombre permanece mucho tiempo en el útero, por lo que una mujer que se casa sin ser virgen siempre causa dudas sobre la paternidad.

Esta shōjo, entonces, puede dedicarse a lo lindo, pero luego tiene que ser una esposa ejemplar, el epítome de la feminidad o será lo que se llama una "mujer mala". La mujer buena provee de herederos a la familia de su esposo y soldados a la patria, y la mujer mala, se vuelve prostituta. Aquí haré un alto, y consideraré que no es una postura tan lejana a nuestra realidad estilística, si miramos al menos la producción de cine latinoamericano de los años 50's incluso. La imagen de la novia eterna que deviene en mujer abnegada, casi santa, se mantiene en contraposición con la femme fatale, sin dar posibilidad a una tercera opción.

Esta shōjo entonces formula sus propios intereses estilísticos como una forma de contracultura, que quizá para sobrevivir se esconde siempre dentro de los límites de lo llamado femenino: la letra redonda, colores pasteles, profusión de encaje, generando todo un constructo cultural que deviene en lo kawaii. Las ansiedades de ese periodo, donde no es niña pero tampoco mujer, se empezaron a ver reflejadas en la expresión simbólica, como dibujos, novelas dirigidas a jovencitas, y arte hecho para su consumo propio, es decir, un espacio social donde sólo cabía esta pre-mujer, ultra femenino, que podría subsistir siempre que no violara las expectativas sociales.

Más tarde, en los años '30 y '40s, se empiezan a abrir más y más tiendas donde artistas como la de Yumeyi, pero contrastaban con la estética gubernamental tendiente a la guerra y los valores propios de una militarización de la población. Es después de la guerra que se abren nuevamente a funcionar más con la misma estética, hecho que le da a TakashiMurakamila oportunidad de decir que el Baby Boom (aumento explosivo de la tasa de natalidad por mejoramiento de la calidad de vida) de los '50s y el milagro japonés tienen relación con una nación derrotada, y con una depresión común terrible, que lleva a una infantilización estética de la misma. Para Murakami, es como si la decepción ante perder la guerra y el horror de la bomba nuclear generaran un escapismo. Durante estos años también Junichi Nakahara funda las revistas Soleil y Himawari (Sunflower, 1947) donde realiza todo el trabajo de edición, contenidos y diseño él solo, con su forma única de ver el mundo, que perdura hasta hoy.

Durante los años '60s en Japón se vivió una época de mucha agitación y movimiento social, como en todo el mundo. La cantidad de mujeres universitarias en Japón superaban por margen amplio cualquier otro país. Recordemos que está en plena guerra fría, está en conflicto de Vietnam, París del '68 y Woodstock, y Japón no está en absoluto fuera de la situación mundial, de la demanda por mayores derechos de los estudiantes, cambios de mallas, derechos femeninos y de la familia y lucha por libertad de pensamiento. En Japón, el feminismo tomó el nombre de ūmanribu, en la lucha por la toma de conciencia de derechos de nacimiento y derechos sexuales, igual que en el resto del mundo. Ahora, este movimiento no pasó desapercibido, pero se forma una contradicción entre el ideal de ūmanribu y este kawaii que ya bombardeaba por todos lados. Durante los '70s vemos un crecimiento del mismo, donde los juguetes y artículos pequeños aumentaron en cantidad. También muchas obras del animé y manga fueron conocidas fuera de Japón, y se fue dando el fenómeno que la palabra shōjo ya no significaba lo que hablábamos antes, sino empieza a hablarse de shōjo como la adolescente en general, hasta ser lo que hoy conocemos como público objetivo general y no un peyorativo. Fue durante esta época también que nació Hello Kitty, con un éxito de ventas que dura hasta hoy en diversos puntos del orbe.

Con la crisis financiera suscitada tras la burbuja financiera de Japón, había menos dinero disponible y por lo mismo abundaron los "100 yen shop" (Si lo interpretamos bajo una mirada chilena, está sería una tienda de "todo a mil"). Muchos artículos de diseños elegantes o novedosos fueron fabricados para volverse kitsch (de mal gusto) y baratos. Antes de esta generación, eran las chicas de clase alta quienes compraban cosas kawaii, pero ahora estaban al alcance de todos.

Finalmente, hacia los '90s la subcultura del otaku aparece con mucha fuerza, y lo kawaii queda por un lado sumergido dentro del consumo habitual, y se apropia de muchos de sus lenguajes, como las figuras. En el nuevo milenio ya domina el mundo, pues como palabra es conocida en casi todos los idiomas y específicamente para evocar la producción de imaginería de esta estética y no otra cosa. Lo podemos ver descontextualizado en citas dentro de series, noticiarios, o mencionado por personas en la calle, con el significado correcto: lo tierno e inocente, bonito. En Japón,

Kawaii se ha vuelto la forma de hacer cultura, de forma que Pikachu aparece en los aviones, tarjetas de crédito, y como mascotas oficiales para las olimpiadas de Tokio el 2018 junto a Hello Kitty.

Industrias culturales y feminismo japonés como elementos forjadores de lo Kawaii en la actualidad

Puedo decir que hay varias personas que explican muy claramente de dónde nace esta estética del kawaii, pero vamos a revisar las dos tesis que hacen más ruido en torno al tema. Por un lado Takashi Murakami, de quien hablaba anteriormente. Él genera esta teoría del Superflat, que es un intento de superar la brecha entre el arte producido en la "alta" cultura y el de la cultura de masas. Para esto, realiza un diseño basado en parte los ukiyo-e, que son los grabados clásicos japoneses donde no hay punto de vista y el ojo es obligado a recorrer el lienzo, con gran énfasis en los planos de color y por otro lado en la producción de animé y manga desde el mundo otaku, de forma de crítica a la cultura de postguerra japonesa donde las distinciones de clase social y gusto popular se han aplanado dando pie a una cultura sin grandes diferencias entre unos y otros. La otra teoría es la de Laura Abbott y su idea del "girlhood power" en la primera mitad del siglo XX, donde explica que para ella el kawaii provendría de una cultura donde se buscó intencionadamente poder pertenecer al mundo adulto sin estar casada, y sin ser juzgada como mala mujer.

Takashi Murakami es un autor japonés que nació en 1962 y creció en Tokio, y quien asistió a la Universidad de las Artes de Tokio (TUA es el acrónimo oficial de la universidad) a estudiar artes, especializándose en el arte más tradicional. Buscaba ser un mangaka (dibujante de cómic en Japón), pero al poco andar se encontró con ciertos problemas dentro de la enseñanza universitaria que lo llevaron a reflexionar en torno a la situación que comentábamos antes, la brecha entre lo popular y lo académico en la producción de Arte en el Japón de los '80s. Es a principios de los años '90s que empieza con su práctica, siempre en torno al mismo tema del otaku y del kawaii. Es en el año 2000 que expresa su teoría del flat, mostrando a la sociedad japonesa como una sociedad plana, en 2D, comparándola con el dibujo tradicional japonés, donde lo japonés todo es un dibujo, sin perspectiva, que huye de la realidad.

En estos años, por ejemplo, saca un logo de Luis Vouitton, que podemos ver en YouTube. Conforme al concepto Superflat, la práctica de Murakami implica elementos de reciclado, que por lo general son considerados "bajos" o subculturales, y presentarlos como arte "alto", y por otro lado, re-empaca su arte "alto" como mercancía: juguetes afelpados y camisetas, haciéndolos disponibles a precios más económicos. El ejemplo de lo primero vendría a ser My Lonesome Cowboy e Hiropon, mientras que el ejemplo de lo segundo las poleras que vende.

También trabaja en talleres junto con otros artistas, a los que patrocina, bajo la forma de industrias culturales y estudios artísticos, como puede ser el Estudio Ghibli, por ejemplo, con el fin de trabajar colaborativamente con otros artistas, a los que patrocina y difunde gracias a Compañía Kaikaikiki Limitada con sedes en Nueva York, Los Ángeles y Japón.

La operación que realiza es de distinto tono, a veces crítica, a veces considerada con la idea del kawaii y de la eterna juventud como un ideal estético más que una realidad moral. El problema que aparece con Takashi Murakami es que habla directamente de la sociedad de post-guerra como el gran originador del kawaii, siendo que éste le pre-existía en base a lo que hemos leído anteriormente. Pero también hay otras tesis, como la que nos presenta donde dice que el kawaii es netamente basado en la cultura shōjo desarrollada a principios del siglo XX, situación que indicaría que kawaii es en gran parte realizado a través de lo que la cultura tradicional rechazaba en cuanto valores o el "deber ser" de las jóvenes japonesas. Ahora, si el estilo es netamente femenino, explicaría el desprecio y el considerarlo vacío, dado que sería una feminización de la cultura. Genera protestas por "feminizar" la cultura. La estética shōjo jamás fue organizada o mentada como un movimiento, más bien parecía una guerrilla cual niña que permanece quieta y callada en un rincón, sólo esperando no molestar al tiempo que sólo existe, sin reclamar, nuevamente, un espacio social. El kawaii es una parte integral del movimiento shōjo, pero es posible ser kawaii sin ser shōjo.

No se debe confundir el movimiento shōjo con el feminismo japonés, que sólo tuvo vida activa a partir de los 60's, con las ūmanribu, sincronizado con los movimientos feministas de Estados Unidos. Ellas buscaban ciertamente generar una igualdad mayor, dado que incluso en el lenguaje ser mujer significaba algo inferior, usándose como sinónimo de "algo atrasado". Aquí nuevamente he de hacer un alto, y decir que en español aún pasa lo mismo, le puedes decir "pero hombre" a una mujer, mas no "pero mujer" a un hombre, pues se ofende.

Volviendo con las ūmanribu, buscaban más reivindicaciones que las del siglo XIX, donde se hizo obligatoria la educación en las niñas, pero no buscaban del todo la igualdad salarial ni la han alcanzado, de hecho Japón es el país desarrollado donde hay actualmente menos derechos civiles (con decir que no tienen postnatal). Fue recién en esa época que se empezó a hablar de libertad sexual.

Pero hablábamos del shōjo como el tercer sexo, que deseaba permanecer en su estatus de capullo (para ocupar sus propias palabras) y que quería desear sin ser deseada, permaneciendo como tercer género, infantilizando sus gustos y sentidos. Lo vemos en el anime, ante cualquier insinuación de deseo, el "iada, hentaii!" con voz chillona. La gente que ha ido a Japón cercana, me comenta que es la reacción que deben tener para no quedar mal, y en ese momento ocupan vocablos que no son propios de su edad sino infantiles. (Hay un paralelo claro con el comportamiento femenino en Chile, incluso desconociendo por completo la animación japonesa, en la canción Ella Gana más Plata que yo de Sexual Democracia: ¿Ya se enojó mi chanchito?.

Lolitas, gothic lolitas y más estilos kawaii

El kawaii actual ha sido descubierto y redirigido en muchos sentidos: Madonna y Gwen Stefani hablan en varios videoclips del impacto que Harajuku (el Paseo Ahumada japonés) y Akihabara (el barrio de insumos electrónicos del Japón, como San Diego en Santiago, pero un millón de veces más actualizado) han tenido sobre la construcción de sus ideas. En occidente se acerca mucho el tema del hentai, no totalmente ajeno en cuanto a estética pero sí motivos.

Hay varios tipos de kawaii, por decirlo así. Uno es lo que he estudiado a lo largo del ensayo, la forma donde se cuestiona más la estética del kawaii, pasando por el arte y diferentes formas de verlo y/o comprenderlo. Pero en lo que respecta la moda kawaii, ya no se limita en absoluto a esquelas, ilustraciones y libretas, como en los años '20. Ahora podemos hablar de toda una industria de figuras de colección, cafés, ropa, ídolos pop, y marcas mundiales, por decir lo menos.

Dentro de las modas que los usuarios indican están dentro del tema, lo más destacado son las lolita, con todas sus variantes. Se basa en vestidos entre victoriano y gótico, y varían en la coloración según tendencia, con mucha blonda, femenino en extremo, con accesorios inútiles e innecesarios pero tremendamente costosos y bellos. Tremendamente fanáticos, lucen infantiles, y es la viva imagen del rechazo a ser sólo una buena esposa.

Junto con ellas, se desarrolla otra línea de moda con muchas más variantes conocida como Erokawaii, que quiere decir un factor tierno pero al lado de ropa menos infantil y más erótica, un ejemplo es la cantante KodaKumi, quien puede ser tanto una chica kawaii como un símbolo sexual.

A este tipo pertenecen varias tiendas de ropa de este estilo, y juntan tendencias distintas, es más heterogéneo en su origen. Hay, por ejemplo, tendencias menores como el Decora, el Meganekko, que es el uso de lentes, y el Nekomimi, donde usan orejas de gato.

Varían también las modas según el anime en boga, se ven influidos por la esfera musical, pero hay varias cosas que se mantienen. El barrio mencionado, Harajuku, recibe cada fin de semana miles de visitantes con sus atuendos, reuniendo los jóvenes de distintas tendencias. Esto queda cerca de la estación de Harajuku, de la línea Yamanote (que es la principal de Tokio, comparable con la Linea 1 del Metro de Santiago) y es uno de los barrios turísticos más llamativos del país.

Cabe destacar que en la moda lolita se trata de prendas para el uso cotidiano y no un disfraz temático, y en esto se diferencia hasta cierto punto del visual kei o el cosplay. La moda lolita no busca imponer nada, sólo ser y dejar en paz. Tienen varios subtipos, están las que son más basadas en el gótico, las gothic lolita, quienes ocupan más el color negro o azul en contraste con las blondas blancas, muy barroco. Musicalmente no tiene conexión con la música gótica occidental, ni su moda adjunta, y hay varias marcas conocidas, entre ellas Metamorphose, Alice and the pirates y Moi-même-Moitié, que fue la primera tienda creada por Mana, creador del grupo Malice Mizer en 1999.

Las sweet-lolitas, o amailoli, son las más reconocidas, sus vestidos son victorianos también, pero en colores pasteles, aunque actualmente se ve una tendencia a usar mas colores. Muchas veces, se inspiran en temas de fantasía o "infantiles" como cuentos de hadas, osos, dulces, pasteles, notas musicales, entre otros tópicos. Las marcas más conocidas son las de sweet lolita son Baby, TheStarsShine Bright, AngelicPretty y Metamorphose Temps de Fille.

Están también los estilos que son más temáticos, como los country-lolita, donde se usan estampados que evocan frutas y patrones, los Hime lolita es con perlas, y joyería, Sailor y pirate lolita usan elementos de los trajes marineros, manteniendo las faldas almidonadas y blondas.

Por otro lado están las wa-lolita y qi-lolita, quienes ocupan parte de las vestimentas tradicionales japonesas y chinas, tales como kimono y qi chino. En el caso del primero, usualmente la parte de arriba de la cintura es como un kimono tradicional, y la parte de abajo, una falda o vestido adaptado con falsos y hasta la rodilla. Igual en el qi-lolita, se usa el cuello abotonado alto y abajo una falda con falso. Incluso hay versiones del hanbok coreano bajo este estilo.

Ahora, la moda kawaii no se acaba en el lolita, hay muchos otros estilos que pueden ser llamados kawaii: Decora, Ganguro, Rockabilly, Hip-hop, todos los estilos tienen su representación y su paso por el kawaii. Gracias a la presencia de bandas como los ya mencionados MaliceMizer y An Cafe, fueron muy conocidos fuera de Japón y como decía, es mencionado en revistas como Vogue, donde se puede ver al día de hoy la influencia que la moda lolita tiene, con su estilo recargado e infantil.

Decora se hacen llamar un grupo cuyo motor es llenar su vestimenta, más o menos cotidiana, de parches y sticker (calcomanías) llenos de figuras e íconos kawaii.

Ganguro son unas chicas que se diferencian del común de estas modas, porque buscan "afearse" oscureciendo sus rostros. En oriente, a diferencia de occidente, contra menos bronceado y más blanca esté la piel, más riqueza indica, pues no tienes que trabajar al sol, por lo tanto tu piel queda clara. Hay un culto a la blancura. Entonces ellas modifican sus cuerpos en base a la moda.

El hip-hop se desarrolla de manera distinta en Japón también, aquí el término hibridación si toma sentido, y se les llama Genba, y por último los Rockabilly son los chicos y chicas que se visten parecido a los años '50s, y bailan rock and roll. Distintos son los visual kei, de los cuales hablamos en otro de los ensayos. Tienen otra base teórica más basado en lo musical que en la moda.

Si se habla del kawaii, hay que mencionar a su reina, Kyary Pamyu Pamyu. Ella parte muy pequeña, como todas las idols, y durante el 2011 su carrera se dispara. Sus videoclips son no aptos para diabéticos y hasta de verlo salen caries. Sus canciones tratan sobre dulces y cosas tiernas de las que está plagado el escenario donde canta a la vez que hace sus coreografías. Ella es la punta del iceberg de una gran industria donde coincide lo musical y la moda, que viene a ser el mundo idol.

Idols

Con el advenimiento de la TV y un mejor estilo de vida, a finales de los '70s era el medio de comunicación, junto con la radio y los periódicos. Uno de los focos de consumo era la cultura juvenil, para la que se creaban espacios específicos donde se hablaba o mostraba bandas de la actualidad, y cada país fue desarrollando sus propias estrategias visuales y musicales sobre la marcha. En Chile y gran parte de Sudamérica, fue "la nueva ola" la que marcó generaciones, con plagios descarados y covers de artistas pop estadounidenses e italianos. En Japón, se desarrolló la subcultura de los idols.

En base, son lo mismo: jovencitos adolescentes a quienes se les muestra como el ideal de femineidad, masculinidad y comportamiento, que cantan y hacen coreografías pegajosas. Pero en Japón tomó ciertas dimensiones más grandes de lo sospechado: normalmente había una rotación de 40 o 50 jóvenes cada año que aparecían y desaparecían de escena, y sólo unos pocos lograban un estrellato. Se convertían en todos unos personajes, y modelos a seguir por la juventud, donde se pone énfasis en que su comportamiento moral y ético sea completamente correcto, sin vicios o escándalos personales. Toda la información sobre ellos es escrupulosamente publicada, como medidas, gustos, aficiones, tipo de sangre, etc. Su paga era bajísima para lo que podríamos pensar, y eran constantemente vigilados por sus managers.

A finales de los años '80, y principios de los '90s, se ve un decaimiento de la producción de idols, y dejan de usar los "vestidos de falsa niña" o Buriburiisho, y se da el pie a utilizar vestimentas más sensuales y maduras, y cercanas a una estrella pop occidental. En esta época aparecen Namie

Amuro, Ayumi Hamasaki y Hikaru Utada, quienes han vendido millones y millones de discos, lanzado singles que son conocidos mundialmente y también han aparecido como seiyuu o sus canciones han sido opening de alguna serie de animé. También es en esta época que se hace conocido el fenómeno de Morning Musume o Hello! Proyect, que viene a ser una organización donde las jóvenes cantan y bailan dentro de un grupo y también lanzan singles, desarrollan su carrera en base al éxito que estos mantienen y luego se retiran o siguen carreras en solitario al alcanzar los 20 años, aproximadamente.

Pasado los años 2000, vemos que la televisión no es la única plataforma de comunicación, e Internet genera una plataforma propia, donde los idols solo pertenecen a la misma. También hay idols virtuales, donde vemos una animación a computadora que hace la coreografía, y cuya voz pertenece a una seiyuu, como es el caso del fenómeno Hatsune Miku, que aparece como banco de voz en Agosto del 2010, para el programa Vocaloid. Además de esto, aparecen varias series de anime y videojuegos enfocadas en las idols que aumentan su popularidad fuera de Japón, algunos ejemplos son TheIdolm@ster y Love Live!, entre otras.

El devenir de lo kawaii

Para cerrar, debo comentar que hay producción de lo kawaii diferenciada para hombres y mujeres, donde el bishōjo (traducido como "niña hermosa") vuelve lo kawaii de fascinación parecida a la contemplación al fetichismo propio del coleccionista, volviendo una figura femenina que en un principio buscaba ser poco deseable a un ideal del femenino, una waifu. Hay un declive del shōjo en pos del kawaii muy latente, quizá por la menor necesidad de escape o porque ya "pasó de moda", lo que sería interesante de ver en un desarrollo futuro. Esto se ve apoyado por la teoría de Hiroshi Aoyagi, quien ha propuesto que como las instituciones tradicionales se están acabando como resultado de la modernización e industrialización, los medios masivos de comunicación están cumpliendo esta función cada vez más.

La crítica feminista hacia el kawaii pasa también por la industria de la moda occidental, que mantiene en vitrina sólo a mujeres que aparentan ser prepúberes, negando el desarrollo biológico y emocional de una mujer adulta en la vida publicitada, como no sea en su imagen de madre. Es decir, una gran parte de la población continúa sin representar.

Bibliografía sugerida

Abbott, Laura. SHŌJO: The power of girlhood in the 20Th century Japan. Tesis de grado de Washington State University. https://research.libraries.wsu.edu/xmlui/bitstream/handle/2376/5710/AbbottHonorsThesisFinal.pdf?sequence=1&isAllowed=y Revisado por última vez 01-08-2017.

Asano-Cavanagh, Yuko. Expression of Kawaii ('cute'): Gender reinforcement of young Japanese female school children. https://www.aare.edu.au/publications-database.php/6288/expression-of-kawaii-cute-gender-reinforcement-of-young-japanese-female-school-children Revisado por última vez 01-08-2017.

Barthes, Roland. Sistema de la Moda Editorial Gustavo Gili, Barcelona, 1978.

Baudrillard, Jean. Cultura y simulacro Barcelona: Kairós, 2005. 7a. ed.

Berman, Marshall.Todo Lo Sólido Se Desvanece En El Aire: La Experiencia De La Modernidad traducción de Andrea Morales Vidal. México D. F., Siglo Veintiuno Editores, 1998.

Bermúdez, Trajano.Mangavision Editorial Glènat, 1995.

Berndt, Jaqueline.El Fenómeno Manga, Martínez Roca, 1995.

Bogarín Quintana, Mario. Kawaii: Apropiación de objetos en el fanático de manga y anime. Artículo publicado por Universidad Autónoma de Baja California. http://www.scielo.org.mx/scielo.php?script=sci_arttext&pid=S1870-11912011000100004. Revisado por última vez 01-08-2017.

Burgess, Anthony. La Naranja Mecánica. novela publicada en 1962, y llevada a la pantalla grande por Stanley Kubrick en 1971.

Costa, Perre-Oriol, Pérez, J.M., Tropea.Tribus Urbanas: Ansia Identidad Juvenil. Ed. Paidós, Barcelona, España.

Díaz, Nicolás. El Factor Kawaii. Publicado en Diario La Tercera el 27 Febrero de 2016 y revisado porúltimavez el 01-08-2017.

Foucault, Michael. En Prefacio A La Transgresión. España: Paidós, 1996.

Fukuyama, Francis. Revisión del fin de la historia. Para mayor referencia, el ensayo mencionado en ese extracto pertenece a El último hombre en una botella. Fragmento del artículo publicado en la Revista The National Interest, Washington, verano de 1999.

Garcia, Leticia. Por qué la moda Kawaii es algo más que una tendencia pasajera. Publicado por https://smoda.elpais.com el 19 ENERO, 2015 y Visto en por última vez el 01/8/2017.

Gibson, William. Neuromante traducción de José Arconada Rodríguez y Javier Ferreira Ramos, Barcelona Editorial: Minotauro, 2002.

Gissi, Jorge. Identidad Latinoamericana: Psicología Y Sociedad- Santiago de Chile: Ediciones Universidad Católica de Chile. 1987.

Hinton, Susan E. The Outsiders, 1967 La novela fue adaptada al cine en 1982 por Francis Ford Coppola.

Jonson, Geoff y Okazaki, Manami_. Kawaii!: Japan's Culture of Cute. Editorial Prestel, 2013.

Mafessoli, Michel. El tiempo de las Tribus, El declinamiento del individualismo en las sociedades de masas. Icaria, Barcelona, Catalunya, 1990.

Martino, Betina. Posmodernidad, crisis de representación y democracia electrónica http://www.razonypalabra.org.mx/anteriores/n22/22_b-martino.html

Matheson, Richard. Soy Leyenda, 1ª ed., 2ª imp., rústica. Ediciones Minotauro, Barcelona, Catalunya, 2006.

Navarro, AntonioJosé.La nueva carne: una estética perversa del cuerpo, compilación de textos. Valdemar, Madrid, España, 2002.

Polanyi, Karl. La Gran Transformación, México. Fondo de Cultura Económica, 2003.

Rojas, Sergio. El Espacio Inhabitable: ¿Ocupar o desbordar? Sepiensa.net Estética del Malestar, Visto en Sepiensa.net por última vez el 14/8/2008. Publicado el 24/10/2006 <http://www.sepiensa.net/edicion/index.php?option =content&task=view&id=679&Itemid=40>

Sarduy,Severo. Nueva Inestabilidad. Capítulo de la compilación de Ensayos Generales Sobre El Barroco. Buenos Aires: Fondo de Cultura Económica, 1987.

Sontag, Susan. La enfermedad y sus Metáforas, Muchnik editores.

Valera, Sergi. El Concepto De Identidad Social Urbana: Una Aproximación Entre La Psicología Social Y La Psicología Ambiental.

<www.ub.es/escult/docus2/identidad.doc>

Vigo, Alejandro G. La Concepción Aristotélica de la Felicidad Universidad de los Andes, Santiago de Chile 1997.

Weber, Max. La ética protestante y el espíritu del capitalismo. Ediciones Istmo, Madrid, España, 1998.

Zizek, Slavoj. El Amor Cortés o La Mujer como Cosa, Es el capítulo 4 de "La Metástasis del goce. Seis ensayos sobre la mujer y Causalidad" Paidos 2003.

Bibliografía web

IMDB. Database de información sobre películas, directores y productores.

Rae.es motor de búsqueda de definiciones del idioma español. Última revisión 01-08-2017

Tvtropes.org motor de búsqueda de tropos en productos massmediáticos. Se conforma de artículos donde se revisan y/o critican los tropos dándole una significancia lineal.

Kirtchev, Christian As. Manifiesto Cyberpunk http://project.cyberpunk.ru/idb/manifesto_es.html última revisión el 01 -08- 2017

Yayoi Yumeji Museum http://www.yayoi-yumeji-museum.jp/yayoi/outline.html Última revisión 01-08-2017.

Sobre Jaqueline Herrera

En Otaku, el primer libro de ensayo en lengua hispana
dedicada netamente al análisis de esta apasionante tendencia, la historiadora del arte Jacqueline Herrera, editora de
Babyfan y CosplayZone, nos deleita con una serie de cuatro
ensayos que exploran distintos tópicos de la cultura popular japonesa en Chile. Con una visión fresca, nos sumerge
al mundo de las idols, máquinas humanizadas, músicos de
apariencia andrógina y, sobre todo, la reivindicación de la
estética de lo Kawaii.

Distribución digital y On Demand:

Editorial Pluma digital